U0694060

高等院校艺术设计专业应用型新形态教材

FASHION MARKETING

时尚市场营销

李金阳 袁 泉◎编著

重庆大学出版社

图书在版编目（CIP）数据

时尚市场营销/李金阳，袁泉编著.--重庆：重庆大学出版社，2023.11
高等院校艺术设计专业应用型新形态教材
ISBN 978-7-5689-0473-5

Ⅰ.①时... Ⅱ.①李...②袁... Ⅲ.①消费品–市场营销–高等学校—教材 Ⅳ.①F713.50

中国版本图书馆CIP数据核字（2017）第059637号

高等院校艺术设计专业应用型新形态教材

时尚市场营销

SHISHANG SHICHANG YINGXIAO

李金阳　袁　泉　编　著
策划编辑：张菱芷
责任编辑：黄菊香　　版式设计：张菱芷
责任校对：王　倩　责任印制：赵　晟

重庆大学出版社出版发行
出版人：陈晓阳
社　址：重庆市沙坪坝区大学城西路21号
邮　编：401331
电　话：（023）88617190　88617185（中小学）
传　真：（023）88617186　88617166
网　址：http://www.cqup.com.cn
邮　箱：fxk@cqup.com.cn（营销中心）
全国新华书店经销
印刷：重庆长虹印务有限公司

开本：787mm×1092mm　1/16　印张：5.75　字数：164千
2023年11月第1版　　2023年11月第1次印刷
ISBN 978-7-5689-0473-5　定价：48.00元

本书如有印刷、装订等质量问题，本社负责调换
版权所有，请勿擅自翻印和用本书
制作各类出版物及配套用书，违者必究

编委会

主　任：袁恩培

副主任：张　雄　　唐湘晖

成　员：杨仁敏　　胡　虹

　　　　曾　敏　　王　越

序 / PREFACE

人工智能、万物联网时代的来临，给传统行业带来极大的震动，各传统行业的重组方兴未艾。各学科高度融合，各领域细致分工，改变了人们固有的思维模式和工作方式。设计，则是社会走向新时代的前沿领域，并且扮演着越来越重要的角色。设计人才要适应新时代的挑战，就必须具有全新和全面的知识结构。

作为全国应用技术型大学的试点院校，我院涵盖工学、农学、艺术学三大学科门类，建构起市场、创意、科技、工程、传播五大课程体系。我院坚持"以市场为核心，以科技为基础，以艺术为手段"的办学理念；以改善学生知识结构，提升综合职业素养为己任；以"市场实现""学科融合""工作室制""亮相教育"为途径，最终目标是培养懂市场、善运营、精设计的跨学科、跨领域的新时代设计师和创业者。

我院视觉传达专业是重庆市级特色专业，是以视觉表现为依托，以"互联网+"传播为手段，融合动态、综合信息传达技术的应用技术型专业。我院建有平面设计工作室、网页设计工作室、展示设计实训室、数字影像工作室、三维动画工作室、虚拟现实技术实验室，为教学提供了良好的实践条件。

我院建立了"双师型"教师培养机制，鼓励教师积极投身社会实践和地方服务，积累并建立务实的设计方法体系和学术主张。

在此系列教材中，仿佛能看到我们从课堂走向市场的步伐。

重庆人文科技学院建筑与设计学院院长

张 雄

2017年冬

前 言 / FOREWORD

作为应用技术型大学的特色教材，本教材是按照重庆人文科技学院的教改要求，以培养具有扎实专业基础，跨领域跨学科的设计、营销、管理相结合的高素质应用技术型人才为目标，以艺术设计类专业学生为教学对象，量身定制的一本市场营销书籍。

本教材依据应用技术型大学的人才培养方案要求编写，其特色主要有两点：

一是针对性强。虽然各大专院校设计专业均设有市场营销这门课程，但是针对时尚产业，深入研究时尚市场营销的书籍较少。因此，编著者认为有必要为设计专业的学生撰写一本时尚市场营销教材。本教材更有针对性，写作角度和所选案例均围绕设计专业展开。

二是注重实践。本教材内容总共有48课时，其中讲授为26课时，实践为22课时，除了完成相关理论知识点的讲解，教师在作业安排中会要求以某一时尚品牌为研究对象，在大量的实践课时中进行市场调查与分析，并且为学生安排了外出考察环节，让学生拥有更多实际操作的机会，培养学生独立思考和分析的能力，使学生具备为某一时尚品牌分析市场营销环境、自身优劣势、目标消费者并提出营销活动建议的技能。这一系列的安排与重庆人文科技学院培养既懂市场也懂设计的应用技术型人才目标相吻合。

编著者

2023年1月

教学进程安排

课时分配	导引	第一单元	第二单元	第三单元	第四单元	第五单元	合计
讲授课时	4	3	6	2	8	3	26
实践课时	2	1	5	3	6	5	22
合计	6	4	11	5	14	8	48

课程概况

　　时尚市场营销是指企业通过对市场和目标消费者的深入调研，定位自身产品，以满足消费者的需求和潜在需求为目标，在综合考虑目标消费者的购买能力和购买行为习惯的前提条件下，掌握产业动态，获取营销情报，研究和管理消费者，设计和生产时尚产品，制订合理的价格，计划流通渠道等过程。

教学目的

　　通过本教材的学习，学生应当掌握以下知识点和相关技能：

　　①熟知时尚市场营销这门课程的相关知识点（本书从导引到第四单元每个单元都有对应的知识点，如时尚产品、时尚市场营销、时尚市场营销环境、消费者和营销策略等），并了解其定义、分类和内涵等相关内容。

　　②通过对前三个单元中知识点的学习和相应实践的练习，获得时尚市场调查的能力。熟练地运用时尚市场调查的各种方法，如文案调查法、访问调查法和观察法等，并具备将搜集的信息提炼成情报，再运用情报为某一品牌分析时尚市场宏观环境和微观环境，最终提出相关营销活动建议的能力。

　　③深刻地认识到研究、满足和管理消费者的重要性，运用市场调查的各种方法，获取目标消费者的相关情报，能够为某一品牌构建目标消费者画像，帮助企业准确了解消费者的心理诉求。

　　④结合前五个单元的知识点和获取的相关情报，继续运用市场调查方法获取营销策略的相关信息，初步具备为某一品牌的时尚产品制订营销策划方案的能力。

　　⑤通过综合案例，将之前完成的某一品牌的时尚产品营销策划方案进行完善，使其成为一份完整周密且富有建设性的方案，在此环节中进一步熟练掌握本教材的主要知识点和技能。

目 录 / CONTENTS

导引
初识时尚产业

课　　　时： 6课时

单元知识点： 时尚产品的概念、内涵和差异化，时尚产业的定义和分类

开篇案例

诞生于冰川时代的"江小白"

2013年，我国白酒行业进入了"寒流"期。白酒行业在经历了近十年的高速发展后，暴露出许多问题：产能过剩、消费群体结构失衡（喝酒的人不买，买酒的人不喝）、产品价格虚高等。2013年，我国白酒行业整体效益不断下滑，面对这股不知什么时候才能回暖的"寒流"，酿酒企业纷纷自寻出路。

其中，重庆江小白酒业有限公司推出的"江小白"成为白酒界冉冉升起的一颗新星。公司为"江小白"设计了一系列十分符合"80后""90后"形象的标签，如"爱文艺爱摇滚""我简单，所以我快乐！"并辅以"江小白"专属的人物形象：戴着无镜片黑框眼镜、围着英伦围巾的形象代表了目标消费群体的生活状态（图0-1）。

图0-1　江小白个性语录

图片来源：江小白官方旗舰店

在促销策略方面，陶石泉在"江小白"产品上市前就采取了符合当下年轻人的方式进行品牌推广。公司通过消费者众筹来完成"江小白"的品牌文化定义，让消费者参与缔造"江小白"的文化内涵，选出他们自己最心仪的品牌文化。

不难看出，"江小白"明显区别于传统的白酒产品。营销团队深挖了年轻消费群体的心理诉求，将时尚元素和文化（如黑框眼镜、英伦围巾的人物形象和个性语录等）融入从产品设计到营销策略的每一个环节中。这样的方式让年轻的消费者喜欢上了时尚的"江小白"白酒，使"江小白"在中国白酒的"寒流"期交出了满意的销售报告。据官方报道，2015年"江小白"的销售收入同比增长近100%。

1.时尚产品

1）产品、商品与时尚产品

产品是企业生产出来用于满足目标消费者需求和欲望的有形的物体或无形的载体。因此，产品可以是一双鞋、一台电视机这类具体的、实质的物体，也可以是一次健身操课程、一次保险业务这类抽象的、无形的服务项目。

在当今社会，我们已经很难界定纯粹的有形产品和无形产品间的界限。举个简单的例子：我们去餐馆吃饭，菜品是有形的产品，消费者会根据其分量、味道和种类作出评价。此外，服务员的态度、消费环境甚至付款方式这类无形的服务也会成为我们评价一家餐馆好坏的影响因素。在企业所能提供的有形产品高度同质化的今天，无形产品已经成为十分有利的竞争因素。

我们常常使用两个单词来表达满足我们需求的载体：产品或是商品。但是，产品=商品吗？事实上，二者既有相同之处，也有区别。二者的相同之处在于：它们都具有使用价值。二者的区别在于：商品一定是产品，而只有具有交换价值的产品才是商品，价值是商品的本质属性。当一种产品经过交换进入使用过程后，就不能再称之为商品了。当然，如果这种产品产生了二次交换，那么它又能被称为商品了。

根据当下人们对时尚的定义，我们不难发现时尚产品的特性：具有较高附加值和文化内涵，并符合当下流行趋势和现实需求。由此可以给时尚产品下一个定义，时尚产品是指在一定时间内率先由少部分人群购买、使用，后来为社会大众所推崇和效仿、争相购买的各类产品。它是一定时期内主流人群为满足自我所崇尚的事物而使用的各类新兴产品，如服饰、电器、家居饰品、文化产品或服务等。

2）时尚产品的内涵

时尚产品的定义不仅明确了鉴别时尚产品的方法，也展示了时尚产品所具有的特性。那么，这些特性具体通过何种方式融入时尚产品的研发、设计和市场营销活动中的呢？这就需要了解时尚产品的内涵。同时，由于时尚产品的品类众多，因此十分有必要介绍时尚产品的分类。在本小节中将会介绍时尚产品的五个层次内涵。

早期的研究认为，任何产品都是由三层构成的，即最里层为核心产品，第二层为有形产品，第三层为延伸产品。20世纪90年代以来，菲利普·科特勒等学者对产品的概念进行了更深入的研究，他们建议将产品的三层构成增加到五个层次来表述产品的整体概念，即核心产品、有形产品、期望产品、延伸产品和潜在产品。在这里我们重新诠释了时尚产品的五个层次内涵。

（1）核心产品——时尚产品的功能性

企业依据目标消费者对所购产品和服务的必要或首要需求所提供的产品和服务的基本功能，即产品的实用价值。时尚产品也不例外，如顾客对鞋的必要需求是便于行走和保护脚，日常服装的穿着必须首先能满足消费者对冷暖的需求，即使是首饰这类装饰人体、提升个人形象的产品，也必须要在设计上符合人体工程学，确保该产品穿脱的方便性与佩戴的舒适性。

在设计过程中注重时尚产品的功能性早已成为设计专业院校和业界的共识。小到矿泉水瓶的打开和饮水方式，大到建筑设计中的采光通风，又或者是手机界面的操作难易，这些均需要商品企划部门和设计师在充分掌握目标消费群体的行为习惯等相关情报后，才能研发设计出优良的产品。

一个具有优良用户体验的产品能让其成为口碑产品，增加用户再次购买同一品牌产品的概率，并且他们会向认识的人推荐，达到理想的推广效果。

（2）有形产品——时尚产品的外观和包装

有形产品，即产品实物及产品包装，也称为形式产品。外观和包装是产品在营销终端进行销售、面对消费者时的形态。核心产品通过有形产品的形式呈现在消费者面前，用以满足消费者的特定需求。因此，有形产品是核心产品实现的媒介。有形产品由五个因素构成，即品质、式样、特征、商标及包装。即使是纯粹的服务，也具有类似的形式上的特点。消费者的同一核心需求经过企业营销活动成为不同形式的有形产品，它们在质量水平、产品特色、款式及包装形式上被赋予个性化，用以与市场上的同类产品相竞争。

在现实的市场活动中，越是时尚参与度高的产品，消费者在进行选购时，越容易受到产品的外观设计、品牌效应等感性因素的影响，以至于在一定程度上忽略了对产品的核心需求。

案例

"希诺"保温杯打开市场的方式

保温杯的核心需求是一个能保温的装水容器。"希诺"公司针对目标消费者的偏好，设计出了一款以熊猫为设计灵感、造型可爱的保温杯（图0-2、图0-3）。这款杯子一经推出就以富有中国特色的外观设计深深地戳中了年轻消费者的萌点，获得了目标消费者的偏爱，取得了令人满意的销量，并使该品牌在消费者心中留下了极具个性的印象。

用户评价表明，该保温杯的保温性能难以与业内知名品牌相抗衡，但大家依然给出了较好的商品评价。他们没有纠结保温性能，而是依然对该保温杯小巧可爱的外形表达了喜爱之情。由此可见，在面对可爱的外观造型时，消费者对保温杯最基本的保温性能变得不像以前那么在意了，这说明感性因素能在一定程度上削弱消费者对产品的核心需求。

图0-2 "希诺"保温杯的宣传插画

图0-3 "希诺"的熊猫造型保温杯

图片来源：希诺官方旗舰店

（3）期望产品——时尚产品的附属功能

消费者在购买产品时期望得到与产品密切相关的一整套属性和条件。期望产品满足了消费者在产品性能方面的需要，但需要注意的是，不同的人对同一类产品的期望是不一样的，同一类人在不同情境下对同一类产品的期望也是不一致的。

户外运动服装中的皮肤衣具有防晒、透气和防雨的作用，除了具备服装基本的保暖与遮羞功能，还满足了消费者对服装多功能的需求。相似的例子还有冲锋衣、唐娜·卡兰的七件套等。这些时尚产品针对目标消费群体的潜在需求从功能设计上更好地满足了消费者，市场销量证明这些设计是十分成功的，这些产品一经推出即受到消费者的喜爱，甚至风靡全球。

（4）延伸产品——时尚产品的保障与服务

延伸产品是指企业为消费者提供的后续保障和相关服务，如质保、安装、维修和送货服务，甚至分期付款或消费者代理业务等。延伸产品成为企业为消费者提供高端产品和服务的捷径。

案例

服装品牌店所能提供的服务

我们在购买服装时，功能性和样式会成为我们产生偏好的主要影响因素，服装的延伸产品，即商家所提供的服务同样会成为消费者对同类产品作出比较评价的重要依据，商家所能提供的项目有根据顾客的不同身型免费为其提供修改服装的服务、高端服装熨烫和日常保养的服务，出现掉色、开线、配饰脱落等问题时能及时解决的服务等。显而易见，这类贴心的售后服务在为消费者提供便利的同时，也让消费者对该品牌产生更强的信赖感。在高科技含量相对较少的时尚产业中，为顾客提供有力的保障和贴心的服务，能帮助企业的新品在同类产品中脱颖而出并受到消费者的特别青睐。

（5）潜在产品——时尚产品的科技含量与流行信息

潜在产品是指现有产品包括所有附加产品在内的，可能发展成为未来最终产品的潜在状态的产品，是指除了现有产品的未来趋势和前景。如手机的未来发展是小型掌上电脑，未来的服饰品将结合可穿戴设备成为能给人们的生活提供便利、倡导健康生活的载体。

潜在产品属性在时尚市场营销中应当受到企业的格外重视，因为时尚来自潮流的瞬息万变，走在潮流前端的称为时尚，否则就会被认为是过气的、不受到喜爱的。潜在产品能引领时尚潮流，让消费者从感情上产生追逐效应，引起消费者内心需求的共鸣。

潜在产品是企业着眼于长期发展的产物，营销管理者必须时刻更新自己的行业情报，了解新产品的研发状况，为自己的企业寻找未来的出路。

案例

柯达的破产

2012年1月19日，柯达，一个曾经创造了全球传统胶卷市场神话、拥有131年历史的老牌摄影器材企业，正式向法院递交破产保护申请。在辉煌时期，柯达占据了全球三分之二的胶卷市场，拥有员工8.6万人。然而，随着数码成像技术的发展与普及，数码产品迅速席卷全球摄影摄像行业。率先发明出数码技术胶卷这种潜在产品的柯达公司，却因为担心新技术会对传统胶卷造成消极影响而将数码技术雪藏。柯达公司固守传统业务，故步自封的行为与整个行业市场的发展趋势背道而驰，最终落得破产的下场。

时尚产品整体概念的五个层次，清晰地体现了以顾客为中心的现代营销观念。每个层次都是以目标消费者需求为标准，并且由目标消费者的需求来决定的。可以说，产品的整体概念是建立在"需求=产品"这样一个等式基础之上的。没有产品的整体概念，就不可能真正贯彻现代营销观念。

3）时尚产品生命周期与差异化

（1）时尚产品生命周期

产品生命周期是指产品在市场中存活的时间，即一个新产品从投入市场到被淘汰或退出市场所经历的时间。20世纪50年代，乔尔·迪安[1]在关于有效定价政策的讨论中采用了"产品生命周期"的概念。他提出市场开拓期、市场扩展期和成熟期等阶段，是对产品从进入市场到被淘汰退出市场的全部运动过程的理论分析。1965年，西奥多·莱维特[2]在发表于《哈佛商业评论》上的《利用产品生命周期》一文中对这一概念给予了高度肯定。

显而易见，时尚参与度越高的产品，其产品生命周期越短。决定时尚产品在市场中生存时间的因素除了其产品自身的耐用性和消费者对产品核心需求的影响，还有外观设计、消费者生活方式和审美情趣的改变。因此，时尚产品的产品生命周期会更短，为了满足消费者不断改变的欲望和需求，企业需要持续推出符合当下审美情趣的产品，这也导致了市场上的时尚产品的更替速度更快。

（2）时尚产品差异化

①找准定位。

产品定位是指企业确定了目标消费者后，根据目标消费者的需求和购买行为，以及细分市场的利弊条件，设计出既适合自身企业又满足消费者的产品的过程。

菲利普·科特勒[3]在其著作《市场营销管理》（亚洲版）中指出：定位是指公司设计出自己的产品和品牌形象，从而在目标消费者心目中确立与众不同的、有价值的地位。由此可见，产品定位的最终目的是在目标消费者心中建立独特且有意义的形象。如何做到在众多同类产品中脱颖而出是每个企业亟待解决的问题。要解决这些问题，在产品的设计上就需要做到差异化，即企业需要以某种方式改变那些基本功能相同的产品，让消费者相信该企业的产品是与其他同类产品不同的，从而产生偏好。

消费者对产品的首要需求是基本功能方面的，但是在生产水平成熟、产品复制容易的今天，市面上的同类产品都能满足消费者的基本功能需求。虽然从基本功能方面难以有差异化上的突破，但消费者需求的其他方面都有很大的发展空间，营销管理者可以深挖目标消费者的生活形态，依据其个性特征设计出无限适合目标消费者的产品，做到产品的个性化和时尚化。

②差异化营销——让时尚产品与众不同。

a.质量性能方面。

企业力求为目标消费者提供除基本功能外的更多功能。发掘目标消费者的潜在需求，开发产品的多种功能是目前市场上的发展趋势。对消费者而言，他们能用更少的钱，只买一样商品却获得了

1　乔尔·迪安：美国经济学家，出版了世界上第一本管理经济学专著。
2　西奥多·莱维特：哈佛商学院的"营销学大师"，被公认为现代营销学的奠基人之一，曾任《哈佛商业评论》主编，哈佛商学院爱德华·W.卡特工商管理学教授。
3　菲利普·科特勒：现代营销学之父，美国管理科学联合市场营销学会主席，出版了近20本著作。

几样产品的功能，何乐而不为。

案例

手电筒的发展趋势

传统的手电筒非常大，且仅能提供一种光束。现代手电筒不仅能照明，还可以发出不同形状、大小和距离的光束，甚至有的手电筒还开发出能在顾客遭遇汽车故障等紧急情况下的安全锤功能（图0-4）。消费者在面对这样的产品时，会觉得为什么不花一样的或多一点的钱来购买这样一个具有更多功能的产品呢？因此，这样的手电筒势必销量会很好。究其关键，企业考虑到现在有车一族越来越多，但是绝大部分私家车都没有配备安全锤，而购买手电筒的顾客早已不单单是要一个简单的照明功能，他们需要能在夜晚或者露营时使用，甚至可以排忧解难的产品，所以增加安全锤功能是营销管理者根据消费者的生活形态挖掘出的消费者的潜在需求，由此占领了市场。

图0-4　天火多功能手电筒

图片来源：天火旗舰店

虽然当今的消费模式倾向于快速消费，但人们在购买任何产品时依然会在意可能没有太多实质意义的特性，如产品的耐用性。人们在购买时尚参与度高的产品时，往往会在产品的使用寿命到期前就更换新产品，纵使如此，他们依然会倾向于购买高质量的产品。如在装修厨房时，整体橱柜的导购员会介绍橱柜能承受一个成年男性站在上面跳跃的巨大力量，当消费者听到这样的产品承诺时，即使他们心里知道橱柜并不需要具有如此强大的承重功能，在购买时也会因为具有这项功能而对该产品产生更多的信赖感，使之成为影响购买行为的因素之一。

b.安全性能方面。

随着生活水平的提高，人们对健康的重视可以说是前所未有的，在购买任何产品时都会考虑环保、安全和健康。在经历了以牺牲环境为代价的经济飞速发展时期后，人们对身边的食物、水和生活用品等充满担忧。在这样的前提下，人们对产品的安全性能格外关注和重视，愿意花费额外的金钱来消费更健康的产品。

c.审美功能方面。

在满足产品的基本功能和安全性能后，消费者会不由自主地希望能买到赏心悦目的产品，这是人类天生会追求美的事物的共性使然。需要注意的是，不同类型的消费者能为"美"付出的金钱是有差别的。

d.情感功能和社会象征性方面。

具有某方面情感需求、喜欢追求独立个性的消费者愿意购买具有情感功能的、新奇的产品，在乎他人眼光和社会地位的人喜欢能体现个人社会地位的产品。

e.良好的服务和消费便利方面。

良好的服务是从消费者的利益诉求出发的，用既定的规范为消费者提供态度良好、贴心的保障服务和完美的购物体验等。消费便利是指简化消费者的购物流程、支持多种付费方式等。

思考：请剖析消费者需求如何影响保温杯的发展趋势？

以保温杯为例，保温杯已经由原来的盛装液体的容器升级为能体现个性化、造型美观且色彩诱人的产品，当然，保温杯还需具有各方面的功能来满足消费者的需求。

基本功能：保温、防漏、抗摔。

质量性能：储存、焖烧、保冷。

安全性能：材质安全环保。

审美功能：杯身造型和色彩等。

情感功能：体现个性化。

良好的服务和消费便利：到货时间、赠送礼物、客服态度、包装品质和售后服务等。

开篇案例

我们吃的是什么?

　　大学生和单身人士倾向于点外卖,因为他们没有条件或者懒于动手自己做饭,所以这部分人群更重视购物的便利性,对餐饮条件和味道的要求不是特别高。情侣和丁克家庭会更加重视餐馆的卫生条件、价格、菜品、味道和就餐环境。这类消费者会偏好味道和分量合适、环境舒适的餐馆,他们追求优良的就餐环境,接受价位偏高的餐厅。中年消费者因为上有老下有小,所以他们希望餐馆能提供无公害、具有保健养生功效且味道清淡的食谱,甚至提供儿童座椅和儿童的玩乐场所。在面对商务宴请、祝寿和婚礼等场合时,消费者大多会注重更多的因素,如就餐环境上档次、菜品层次丰富、服务态度良好、价格适中等。

　　消费者在选择餐馆的时候会根据自身实际情况对每家餐馆的卫生条件、价格、菜品、味道和环境等因素进行综合比较。在这个过程中,味道已经不是消费者选择餐馆的唯一因素。很多餐馆会在菜品上寻求突破,同时在就餐环境上下功夫,并努力为消费者购买和享用自家美食提供便利。在市场营销学中,餐馆的这些行为被看作为消费者提供了更加丰富的产品。食物是餐馆的核心产品,而就餐环境则是餐馆向消费者提供的期望产品,多种付款方式则是延伸产品。可以看出,丰富产品的层次是餐饮行业未来的发展趋势,也是消费者的需求所在。由此可见,时尚产业甚至扩展到了餐饮行业,那么,如何为时尚产业下定义和如何界定时尚产业已经成为当前营销人士探讨的重要话题。

2.时尚产业

1)时尚产业的定义

　　关于时尚的研究可以追溯到美国社会学家、社会心理学家E.A.罗斯[1]1908年出版的著作《社会心理学》,在该书中作者首次对时尚进行了研究。进入21世纪,时尚产业为很多国家带来了在经济方面的新的发展机遇,作为能够创造高附加值的产业,世界各国纷纷将目标瞄准了这一领域。然而,与时尚产业相关的研究却相对滞后,当前已发表的学术论文和出版的著作,暂无对时尚产业定义的准确描述。鉴于时尚产业的复杂性,多领域的学者以自己的研究视角为切入点,提出了时尚产业的概念。

　　赵磊从审美实践的角度对时尚产业进行了分析,得出时尚产业是一种"美丽产业"的结论,并认为时尚产业是对人和人周围的环境进行美化的产业[2]。高骞从市场经济的角度出发,指出时尚产业具有高附加值、跨越多个产业的特性,同时他也强调了审美情趣和消费理念在时尚产业中的重要

1　E.A.罗斯:美国社会学家、社会心理学家,主要著作有《社会控制》《社会心理学》《社会学原理》。
2　赵磊.时尚产业的兴起和发展[J].上海企业,2007(2):50-52.

性[1]。根据上述言论，颜莉和高长春的研究论文指出："时尚产业是围绕一定审美价值，为满足人们的时尚消费，通过对各类传统产业进行资源整合、提升和组合后形成的，以服装业为核心，对生活环境进行装饰和美化的产业。"[2]

2）时尚产业的分类

鉴于时尚的触角正在以难以想象的方式深入其他各类产业，时尚产业与相邻产业间的跨领域合作越来越频繁。在这种情势下，如何合理地界定时尚产业的边界是十分有必要的。在综合了多位学者的意见后，本书最终以《中国时尚产业蓝皮书（2014—2015）》为依据[3]，对时尚产业进行了界定和划分（表0-1）。

表0-1 时尚产业的分类

时尚产业	时尚产品制造业	服饰配饰、皮草皮具、珠宝首饰、名车名表、护发护肤产品、香水彩妆、家具家饰用品、消费类时尚电子产品等
	时尚服务业	美发美容整容、体育健身、外出旅游、室内装饰装潢、时尚店铺设计、建筑景观设计、服装设计、流行音乐、艺术摄影、动画漫画、时尚杂志、厨艺美食、餐馆酒吧、综合性时尚消费娱乐中心等
	辅助性和弱时尚性产业	辅助性时尚产业，如《时尚》《瑞丽》等各种时尚杂志和媒体行业各种时尚媒体；弱时尚产业，指融入较多时尚元素的其他新兴领域，如小米手机、三只松鼠休闲小食品、江小白时尚白酒等以"80后""90后"年轻受众为目标消费市场，注重客户体验，融入众多时尚和创意要素，虽价格不贵，但属于新兴时尚产品。随着"草根"创业潮的兴起，这类时尚领域有望继续扩张

资料来源：中欧国际商学院《中国时尚产业蓝皮书》课题组.中国时尚产业蓝皮书（2014—2015）［M］.北京：经济管理出版社，2015.

根据该蓝皮书提供的时尚产业范畴，结合传统的产品分类方法，我们可以进一步推断出时尚产品的概念和分类。

（1）时尚产品制造业

传统的时尚产品具有高消耗、更新替代快、随时尚潮流而不断推陈出新的特点。

部分核心时尚产品价格较低、消耗快，消费者需要频繁地重复购买和大量使用，如中低端市场的护发护肤品、服饰配饰和香水彩妆等。生产这类产品的企业需要提供价格相对便宜的产品，这意味着企业除了要确保产品质量过硬，还应做到售价中的附加成本较低。需要特别注意的是，因为顾客通常并不愿意在需要频繁或随时购买的产品上花费过多时间和精力，所以企业需要在如何提供消费者购买便利性这个问题上多做研究。此外，加强广告以吸引消费者试用并形成偏好，或者结合目标消费者的喜好增强时尚好感度，可同样成为产品竞争的利器甚至能提升其价格。

值得一提的是，饮料、水和牛奶等产品受广告推广的影响十分大。市场上出售的大部分饮品均由与其品牌形象符合的明星代言，并且企业愿意花大价钱为这些产品设计能让消费者产生美好联想的包装，进一步强化自身产品在消费者心目中的特征，诱导消费。

1 高寯.上海时尚产业政策研究科学发展［J］.科学发展，2009（10）：87-95.
2 颜莉，高长春.时尚产业国内外研究述评与展望［J］.经济问题探索，2011(8)：54-59.
3 《中国时尚产业蓝皮书（2014—2015）》对时尚产业的分类至今业界仍在沿用。

案例

茶π的案例

茶π作为农夫山泉2016年重磅推出的新品，准确地洞悉了"90后""00后"强烈的个性化需求，将自己定位为"自成一派"的时尚饮品，并融入个性、健康和时尚的概念来迎合"90后""00后"的消费心理。在外形设计上，瓶形摒弃了常规的圆柱形，大胆使用圆柱方形这种独特的形状，让目标消费者能在众多产品中一眼就注意到它。瓶身图案色彩艳丽，画面主体采用涂鸦式的动物与水果的设计，兼顾了活泼时尚和文艺范儿两种元素，完全符合"90后""00后"的审美风格。同时，茶π还签约当红明星为其代言，更是从情感上迎合了"90后""00后"的消费需求（图0-5）。

图0-5　茶π宣传海报

图片来源：农夫山泉官方旗舰店

一系列的动作让茶π在上市后的短短三个季度里，销量已突破10亿元大关，成为当年的明星单品。究其原因，茶π瞄准"90后""00后"目标消费群，深挖他们的需求，将自身产品彻底个性化，是其成功的关键。

消费者在选购产品的过程中，会对其适用性、质量、价格和式样等基本方面做认真的比较。消费者在面对时尚参与度较高的产品和服务时，如服饰、美妆产品、美容美体用品、家居用品和其他异质选购品等，产品特色成为他们优先考虑的因素。经营这类产品的企业必须准备大量的款式、色彩和设计上的变换品种，以满足不同消费者的需求和偏好。同时，导购人员（包括商场的导购员和电商客服）需熟知自家产品的优势，以便于向顾客推销。

面向中高端市场，甚至奢侈品市场时，时尚的力量在产品的附加值上产生了强大的催化剂作用。因此，面对消费能力较强的消费者时，如销售高端服饰品、皮革制品、护肤品、名品香水彩妆产品等的企业应充分发挥自身的个性优势，推出能让消费者感到与众不同的产品，博得他们的好感。

现在，还有一部分产品从原来的耐用品逐渐转换为购买频率较高的时尚产品，如电脑、电视机、汽车和家居用品等。这类在以前使用年限较长且自身价值较高的产品，因单品价格较高而购买频率较低。随着人们生活品质的提高，这类产品的外观设计逐渐成为吸引目标消费者，使其产生偏好的重要因素。

定位高端市场的企业应将侧重点放在高科技与设计上，将二者结合起来提升产品内涵。关注目标消费者的偏好，提供限量、独一无二的产品和服务是成功吸引顾客的关键。事实证明，相当多的消费者愿意做出特殊的购买努力去拥有具备独有特征和品牌标志的产品，如Zippo打火机和机械手表等。

案例

消费者的手机观念的革新

在诺基亚的辉煌时代，人们的消费习惯是至少3~4年更换一部手机，大家信奉诺基亚所推出的"坚硬得可以砸核桃"的产品品质，但苹果手机的横空出世，改变了手机在消费者心目中的选购准则——触摸、大屏幕、时尚成为新的选购需求，当时尚介入购物理念中时，快速更新成为不可避免的消费者购买行为模式之一。现在，消费者更换手机的频率是1~2年，这种购买行为模式加剧了产品的更新换代。可以说，时尚观念和苹果公司的共同作用，大大地削弱了手机的耐用性能，使其向非耐用品靠拢，并加快了整个手机市场的更替速度。

（2）时尚服务业

服务是指为满足消费者的需求或要求而提供的一系列活动或行为，时尚服务业包括美体、健身、整容、艺术摄影和餐饮等行业。服务的内容可涉及以下几个方面：

①在为消费者提供的有形产品上所完成的活动，如箱包皮具的后期保养。

②在为消费者提供的无形产品上所完成的活动，如项目咨询、方案设计。

③无形产品的交付，如健身课程、美容课程上知识和技能的传授。

④为消费者创造氛围，如购物的环境。

服务具有无形、不可分、易变和不可储存的特点。时尚服务产品需要供应商的服务态度和质量管控，其重点在于人的服务。由于人们的审美标准是不断变化的，因此美容美体、服饰设计、室内设计和艺术摄影等行业的服务项目也需要根据流行趋势不断变化。

案例

抓住机遇的"金夫人"

"金夫人影楼"的总部设在重庆市渝中区解放碑商圈。在商圈的中心地段，金夫人将整栋楼用巨幅明星海报覆盖作为醒目的广告，向消费者宣告"金夫人"雄厚的实力。走进"金夫人"的总部大楼，人们会在瞬间被"金夫人"所营造出来的氛围感染，考究的装潢、专业的服务人员，均能带给消费者不同于其他婚纱影楼的感受。

"金夫人"努力扩展拍摄基地，力求为顾客提供更多的选择，如重庆的大木花谷，并结合当前年轻消费者喜爱旅行的特点，推出了"旅拍"项目，地点如泸沽湖、西藏、三亚等，甚至全球外景马尔代夫、苏梅岛等地。一系列特色产品、种类繁多的服务选择，以及专业的拍摄团队让"金夫人"在众多从事婚纱摄影的企业中脱颖而出，成为消费者在拍照时的首选。

截至20世纪初，中国人由于生活条件的局限和提倡节俭的风气，致使新人们在结婚时普遍选择传统的照相馆拍摄一张简单的合影。1992年，台湾的摄影人将专业婚纱摄影概念引入大陆，人们很快就被这种专业和唯美的拍摄方式吸引。

时至今日，我们几乎找不到传统的照相馆，年轻人大多不也愿接受婚纱摄影仅是一张普通的结婚照。人们需要更加个性化和趣味化的婚纱摄影作品，如某明星夫妇的一组复古婚纱照就获得了年轻人的青睐。玩出位、有腔调、与众不同是年轻消费者所追求的购物目标。

（3）辅助性和弱时尚性产业

新兴时尚产品分为两大类：一类是辅助性时尚产业，如各类时尚杂志和传播时尚资讯的网络媒体行业。这些媒体行业不再局限于传播服装、美容和香水等传统时尚资讯，而是介绍所有与时尚相关的产品与行业动向，如明星、影视、音乐、健康、娱乐、动漫、文化、旅游和运动等。

另一类被称为弱时尚产业，是时尚元素渗透较多的其他行业领域，如部分食品、日用品等。这类产品的特点是价格亲民、设计符合年轻消费者的喜好，抓住了他们注重性价比、娱乐性和个性展现的心理需求，并依托"众包""众筹""创客"等民主化且用户参与度高的方式推广、生产和销售。探究当前"80后""90后"甚至"00后"的生活方式和精神需求，相比于他们的父辈，这部分人群的主要消费目的不是炫耀和证明自己的财富与地位。他们注重个体感受和情趣体验，在他们的内心深处追求一种娱乐精神，渴望购买到有"腔调"的产品。有趣、时尚、个性、有内涵且符合个人价值观的产品才能入得了这类消费者的法眼。

3）时尚产业的界定

虽然营销学者已经对时尚产业的边界进行了较为清晰的界定，但是某些行业是否应当被纳入时尚产业依然存在争议。赵磊[1]指出，需要注意到虽然越来越多的产业都渴望与时尚产业发生碰撞，类似传媒、旅游、建筑等行业虽然融入了大量的时尚元素，但是其业务实质并没有以美化人体为目标，严格来说，这类产业也与人的周围环境没有紧密的联系，因此，他认为这些行业暂不宜纳入时尚产业。

本书综合各方学者的意见，建议时尚产业的界定可以遵循以下原则：

①审美实践。虽然时尚产业的审美标准会受到社会文化、地域风俗、流行趋势等因素影响而有所不同，但无论在任何一个国家或地区，时尚产业无疑会在一系列的营销活动中传播一定的审美情趣，而消费者会在购买决策的实施过程中去实践他们接受的美的信息。

②附加值。时尚产业具有创造高附加值的特点。产品的价值包含功能价值和观念价值两个部分，观念价值是基于感知者的观念、知识以及相关社会阶层对产品的理解[2]，而时尚产业中的产品可以依托观念价值的提升来达到提高附加值的目的。

③内涵与外延。时尚产业的核心是服饰业，其可以延伸到对生活环境进行装饰和美化的产业，因此美容美体、家居用品、家饰装潢等也可以纳入广义的时尚产业。

时尚产业的界定在今天依然存在争论，这也是未来时尚产业的研究空间。

1　赵磊：上海纺织控股(集团)公司宣传处处长。
2　徐丽娟. 观念价值及其营销学意义［J］. 商业时代，2006(7)：41-42.

第一单元
时尚市场营销

课　　时： 4课时

单元知识点： 时尚市场营销的内涵、创造高附加值的时尚产品、整合营销、社群
的影响力、用户体验

第一课　时尚市场营销的内涵与重要性

课时： 1课时

要点： 时尚市场营销的内涵、创造高附加值的时尚产品

开篇案例

从汽车行业看国家形象

对于任何行业，全球消费者都有一些共同的认识，以汽车行业为例：

意大利——速度与激情的跑车，代表品牌：法拉利、兰博基尼、布加迪威龙和玛莎拉蒂等。

日本——省油和节约空间的家庭车，代表品牌：本田、马自达和铃木等，与此同时，日本还生产了大量的越野车型，以高性能和高质量而家喻户晓，如丰田。

美国——大排量和舒适的空间，代表品牌：道奇、吉普、凯迪拉克、福特等。

英国——奢侈而优雅的外观设计，代表品牌：捷豹、劳斯莱斯、阿斯顿马丁等。

通过上述的例子，我们不难看出拥有多个汽车品牌的国家会被消费者逐渐看作一个整体。汽车企业在营销活动中努力地将品牌特色等信息传递给消费者，而消费者会将这些信息进行整理归类，他们常常会将同一个国家制造销售的品牌联系起来，形成对该国家形象的描述。由此可见，时尚市场营销不仅能够带动一个行业的发展，还可以提升国家的形象和竞争力。

1.时尚市场营销的内涵

时尚市场营销是以满足消费者对其所认定的美的需求为目标，企划、生产时尚产品，为其制订价格，策划流通渠道和销售模式的过程。在围绕时尚产品展开营销与策划活动的过程中，时尚是核心。当营销与时尚产生联动关系后，企业的产品和品牌被注入了文化含量和艺术氛围，这意味着消费者在购买过程中心理上变得更加感性，相信品牌的力量，以至于成为忠实的品牌拥护者。这无疑会成为时尚产业中各企业在未来的创新空间和值得挑战的机遇。

通过对时尚市场营销这门课程的学习，学生能具备企划、销售和推广时尚产品的能力，同时在流行趋势和消费者需求方面具有敏锐的洞察力。作为一门新兴的学科，时尚与营销的联动关系正以

我们难以觉察的速度变得更加紧密，应用也越来越广泛，几乎涵盖了我们日常生活中所能接触到的各个方面。

2.时尚市场营销的重要性

1）竞争力——创造高附加值的时尚产品

从"中国制造"到"中国创造"，以前我国通过代工厂为全球很多品牌企业生产产品，在这个过程中，很多企业和地区完成了原始资本的积累，除了获得了一定的资金，还具备了部分生产高端产品的技能。很快，这些企业发现一个现象，同样一件大衣，贴上意大利奢侈品牌的标签，能以上万元的价格出售，但是从我们的代工厂拿出来销售却未及其价格的十分之一。这个例子简单直接地说明了"中国制造"到"中国创造"的差距，只有拥有自主品牌，并具有良好的品牌声誉，才能提高品牌产品的附加值。

从国家角度审视这个问题，当自主品牌拥有了独特形象，等同于在世界上有了立足之地，全球消费者在购买某些产品时会将我们的品牌作为选择目标之一，从而提升品牌、企业，乃至整个国家的竞争力。

2）文化内涵

时尚产业的高度发达可以带动相关知识产业的蓬勃发展，如教育培训、时尚展示会、观光产业、品牌事业、纤维技术、时尚调查咨询等。

教育是立国之本，英美等发达国家具有高等教育产业化的成功实践。在英国，教育产业已经成为其财政收入的一大来源。高等教育产业化使英国成为各国学子留学的首选之一，其热门专业，如会计与金融学科、商科、法学、建筑和艺术设计等受到很多留学生的青睐。不难发现，这些热门专业均是英国在世界上具有领先技术和能力的行业。每年，我国有大量学子赴英美等国家学习设计、艺术、金融等专业，选择这些国家的决定因素之一即是其相关产业高度发达。

在行业内具有领先优势能取得更多举办行业展示会的机会，如四大时装周、巴黎时尚家居装饰设计展、日内瓦国际车展等，在展示本国产品的同时，还能起到交流、推广等作用，对整个行业的发展起到积极的作用。

第二课　时尚市场营销现状及发展趋势

课时：3课时

要点：整合营销、社群的影响力、时尚市场营销的核心、个性化营销、线上营销、用户体验

开篇案例

文化IP的品牌联名

故宫，明清时期的皇家宫殿，是世界五大宫殿之首。故宫博物院，始建于1925年10月10日，位于故宫内。作为向世人展示中国古代文化艺术的主要窗口，故宫博物院以其独特的东方文化内涵和艺术魅力吸引着来自世界各地的游客和专家学者。可是，作为中国最大的古代文化艺术博物馆，如何能吸引当今的年轻人，特别是让中国的年青一代为中华民族文化感到自豪，产生文化自信，甚至将我们优秀的文化艺术通过各种方式传播到世界各地，提升国家形象，是故宫博物院作为国家级博物馆所应承担的责任之一。

事情的转机出现在单霁翔接任故宫博物院院长的2012年。身为院长的单霁翔上任伊始就开始了一系列大刀阔斧的"改革"。他从改变以严肃著称的清朝皇帝雍正的印象开始，推出了《感觉自己萌萌哒》《雍正行乐图》等，从名字不难看出，这样的人物形象集合了当下的时尚文化，博得了年轻人的喜爱并制造了话题。

紧接着，故宫博物院开启了她的联名时代，从餐饮业的麦当劳、必胜客、稻香村到金融业的工商银行、民生银行，再到生活用品，如安踏故宫特别版运动鞋、飞利浦电动剃须刀、百雀羚（图1-1）等一系列品牌的联名，推动了故宫以强大的文化艺术背景为依托，为与她联名的产品披上了具有文化底蕴的外衣，让单纯的品牌产品拥有了故事性且令人向往。

与此同时，故宫博物院通过对180余万件文物藏品的整理，开始尝试研发相关文创产品。她植入明清皇家文化艺术元素，将故宫的建筑、人物、工艺品和历史故事等进行设计元素的提炼，并结合当下流行趋势和实际需求，开发出符合时代特色的文创产品，如以院藏龙袍中寓意吉祥如意的云纹为灵感设计的"云起如意"领带、以宫门为元素创作的宫门双肩包（图1-2）。

无论是文创产品还是联名品牌，追溯其成功的根本原因，除了其本身深厚的文化底蕴，故宫博物院更在产品研发的同时紧跟时代潮流，每一个引人入胜的故事都有对应的时尚载体，完成了文化

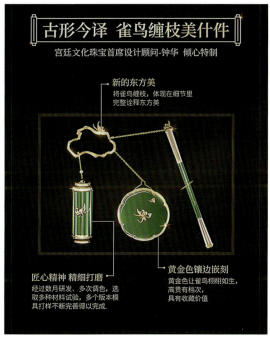

图1-1 百雀羚与故宫推出联名美妆产品

图1-2 宫门双肩包

图片来源：故宫博物院官网

向商业价值的过渡，真正做出了具有较高附加值和文化内涵，且符合当下流行趋势和现实需求的时尚产品。

　　时尚产业历经多年的发展，早已成为一个多元化、多渠道的复杂行业。面对当今消费者需求不断变化和多样化的形势，时尚产业面临着众多的困境和挑战，在不断转型升级的过程中，一些品牌在逆境中站稳脚跟并收获了新的消费者，如LV、三星。而有的品牌则倒在了前进的道路上，面临着倒闭或者被收购的境遇，如森英惠、诺基亚。还有部分品牌抓住市场机遇，从默默无闻到发展壮大，如圣迪奥、华为。下面，就当前时尚市场营销的现状做一个总结。

1.时尚市场营销的现状

1）充满挑战的时代

　　随着经济的持续低迷，毫无疑问地，全球时尚产业同样会受到不小的冲击，最明显的表现即增速放缓。在这个充满挑战的时代，时尚企业也面临着多重压力，它们需要寻找合适的时尚市场营销方案，挖掘市场潜力，重塑时尚产业的经济模式。

2）深化整合营销

　　"整合营销"的概念由唐·舒尔茨[1]提出，即根据企业的目标设计战略，并支配企业各种资源

1　唐·舒尔茨：美国西北大学市场营销学教授。

以达到战略目标。如何通过对研发设计、生产、销售等环节进行合理的资源配置，在确保运营和财务灵活性的前提下降低成本、提高效益是时尚企业在面临挑战的今天所必须克服的难题。不难看出，许多时尚企业都在通过整合营销的方式实现短期的可持续发展。在众多整合营销案例中，联名可以说是最常见的一种方式了。如大白兔奶糖与美加净合作，推出大白兔奶糖味润唇膏，一经发售即被抢空。此外，奢侈品牌与潮牌的强强联合，如LV与Supreme的联名等，不胜枚举。这些时尚品牌间的合作不仅是品牌与品牌间的联名，更是跨界合作，根据时尚市场的反馈来看，大部分这类营销活动都是十分成功的。

3）社群影响力进一步增大

社交媒体巨头的用户数量惊人，这些巨头包含但不限于Facebook、YouTube、WeChat、抖音和豆瓣等。根据2019年10月Facebook发布的信息，其财报显示目前月活跃用户总数达24.5亿人次，约占世界人口总数的三分之一。从消费者的角度出发，现代的生活方式让他们习惯通过网络找寻符合自己审美情趣、价值观念的明星、名人或网红，然后通过社群的方式建立情感联系。在每个独立的社群里，他们通过互相分享类似的价值观、情感体验等信息，获得归属感和认同感。可以说，消费者自发建立起的社群等同于自动细分了市场，而针对社群所实施的营销活动能够有效地为细分后的消费者提供个性化的时尚产品和服务，最终进一步增强了社群的黏性。在社交媒体影响力巨大的今天，有人提出了社群营销这一新兴概念，其中表现较为突出的有"网红营销"，如美妆博主Huda Kattan通过YouTube频道为消费者提供美妆教程和建议、中国美食博主李子柒等。同时，明星、名人也纷纷加入，如凯莉·詹娜、蕾哈娜、刘涛等。他们向全球粉丝源源不断地推销时尚产品和服务，进一步展示具有独特魅力的个人审美情趣、传递文化价值观念。

4）全球的机遇市场

BoF&麦肯锡[1]在2020年的报告中指出：中国将继续为本土和全球时尚企业提供增长和获利机会，但某些企业却面临着过度依赖中国市场的风险。报告同时也提到，除了中国，希望更多的时尚企业将目光放得更远，如印度、东南亚各国、俄罗斯都可能成为未来有利可图的市场，特别是中东国家。

同时，也需要注意到，中国市场本土品牌也在努力地走出国门，在全世界市场中发声，如服饰品牌URBAN REVIVE、歌莉娅等，电子产品华为、小米、OPPO等。令人感到欣喜的是，部分中国品牌也正在成为全球时尚市场中的一股重要力量。

5）理论研究不足

与各行业、各企业策划和实施进行时尚市场营销活动的盛况不同的是，有关市场营销领域的时尚产业研究却相对较少。田超杰提到，"许多营销实务人员声称，赋予产品时尚意义已经成为目前市场营销最重要的内容"[2]，肯定了时尚作为一种重要的社会现象，市场营销领域的时尚研究也受到了很多营销人士的关注，但同时他也指出，"遗憾的是，在营销理论界，无论国内还是国外，尽管已有部分学者注意到了这个问题的重要性，但并未引起广泛关注"。无独有偶，赵君丽和赵磊等

1　麦肯锡：世界级领先的全球管理咨询公司。
2　田超杰.市场营销领域的时尚研究缘起、内容及展望［J］.中国流通经济，2012（8）：87-93.

学者也分别在他们的研究中提出相同的观点，即虽然时尚产业已经在实际市场营销活动中占据了重要地位，但是相关研究却较为缺乏。

因此，作为一门新兴的交叉学科，时尚市场营销不仅有很多可探寻的实际市场营销活动方式和理论研究空间，也需要注意到时尚产业的发展日新月异，理论的探讨研究需要紧跟不断变化的时尚市场营销实践行为。

2.时尚市场营销的核心

1）研究消费者

市场营销在经历了数个发展阶段后，企业意识到与其将目光聚焦在自身的产品改革上，不如时刻紧盯目标消费者的动态，关注其需求，分析他们的消费行为习惯，这种方式能让企业在众多竞争者中脱颖而出，抓住最终的营销目标——消费者，使企业短期获利，并保持长期处于屹立不倒的状态。自营销诞生以来，世界各地不断涌现出各行业瞄准和抓住目标消费者在激烈的市场竞争中获得成功的案例，如"支付宝"和"微信"等软件的广泛应用，顺丰"即日达"和"即时达"服务的成功等。

2）提高附加值

时尚产业与其他产业的最大不同在于消费者看待产品的态度，人们在面对时尚和艺术时不由自主地会变得感性，购买行为也会受到个人喜好和感受的诸多影响，如对色彩的喜好、外观的偏爱、大众流行因素等。由此，生产时尚产品的企业发现，时尚就是创造感性价值，以此提高产品的附加值，故价值经营理念至关重要。

思考：如何创造时尚产品的感性价值？

研发——除了产品本身的核心技术研发，还可以从色彩、材质、工艺上进行创新，这些策略能推动企业占领行业领头羊和标杆的位置。

设计——根据目标消费者的需求，将产品功能和美观完美结合的设计能获得众多消费者的青睐。

服务——提高企业从决策层到员工的服务意识，完善售前、售中和售后服务，建立快速解决顾客问题的机制，将有助于提高品牌在消费者心目中的地位。

形象——以产品形象、品牌形象和企业形象，提高产品在公众心中的辨识度、品牌美誉度，从而提升企业的整体形象。

质量——过硬的产品质量为自身产品和品牌赢得了消费者的口碑，有助于企业在长期的营销活动中建立良好的顾客基础，并以质量优异作为产品的卖点实施营销活动。

3.时尚市场营销的发展趋势

1）个性化营销

个性化营销是指按照目标消费者所处的国家和地区的不同，采取符合当地消费者偏好和消费行为习惯的产品设计和营销模式。企业根据目标消费者的生活形态细分出更多的单个消费群体，并为每个单个消费群体提供更加符合他们喜好的产品和服务，以求更好地满足单个消费群体的需求。这样的营销模式是企业在扩大自身业务范围的过程中，发现不同消费群体间的需求差异后，摸索出来的一套切实可行的方案。

在时尚产业中，由于人们风俗习惯、审美情趣等方面的差异，因此时尚产品的区域特色乃至个人特色更加明显，甚至延伸出个人定制化时代的来临，在标准化生产领域，如电脑、手机、汽车等行业，个人按需定制可能会在未来占据主导地位。现行的定制服务是销售平台为消费者提供产品的多种颜色和功能，且这些颜色和功能可以根据消费者的需求喜好任意搭配，从而为消费者提供专属的定制产品服务。

云端和大数据的诞生使品牌的定位更加细化，也使大众消费者挑选产品和品牌时更加便捷地接收到产品文化、品牌内涵及综合艺术的信息。

2）用户体验

国际标准化组织[1]指出，用户体验是用户在使用一个产品或系统之前、使用期间和使用之后的全部感受，包括情感、信仰、喜好、认知印象、生理和心理反应、行为和成就等各个方面。

我们看到很多时尚品牌会在收银台附近摆放几组小型货柜，上面陈列着价格相对便宜的服饰品，如零钱包、袜子、发夹等。这种设计是基于目标消费者购物行为习惯所发明出来的经典陈列方式。聪明的商家发现，消费者在等待付款时，特别是结账队伍较长时，他们会用玩手机的方式来消磨这段时间。如何利用这段时间来增加店铺收益，成为商家需要解决的问题，后来他们在收银台旁摆放陈列服饰品的货柜，让目标消费者不由自主地被琳琅满目的服饰品吸引，且因这些物品价格不贵，消费者看上并购买的概率会大大增加，从而再次为商店创造了收益。这是众多深入了解用户体验，最终创造效益的案例之一。

未来的营销不但需要考虑消费者的购物需求，还需要注重营销方式能否增加更多的消费者体验和互动。企业除了可以对产品的外观设计和结构功能采取定制服务，还可以根据区域人们的喜好实行个性化的体验营销，如将户外广告的投放与高新科技相结合，以轻松、有趣的方式提升目标消费者对自身产品的关注度，进而增强消费者的体验感。

案例

可口可乐的互动装置

可口可乐公司为提高人们的环保意识，在孟加拉国首都达卡将回收废旧饮料瓶作为切入点，摆设了一款乒乓球游戏机，但玩游戏机的前提是用可口可乐废旧瓶作为硬币来充值投币，使用这种与消费者互动的方式将可口可乐的废旧饮料瓶回收起来，并且可口可乐公司宣称这些废旧饮料瓶将被

1　国际标准化组织：世界上最大的非政府性标准化专门机构，是国际标准化领域中一个十分重要的组织。

回收、再加工和重新利用。

可口可乐公司旗下的运动饮料品牌"动乐"，在德国柏林街头竖起了几块"史上第一个健身广告牌"，该广告牌摇身一变成为健身房，让消费者把攀岩、拳击和杠铃一次玩个够，最终传达出动乐"你比想象的更有力量"的品牌理念。

不止可口可乐公司积极探索与消费者的互动营销模式以适应新时代的品牌推广潮流，很多企业在推广品牌的时候都让消费者参与自己的营销活动，并让他们从中感受到快乐，进一步达到宣扬品牌精神的目的。

3）线上营销

个性化营销、用户体验都需要互联网、高科技等的技术支持。时尚产业未来最大的市场将会存在于电子商务方面，数字渠道会成为必然趋势，但还有很多问题亟待解决，如试用、售后、购物体验及供货渠道的可信度等，都是目前网络购物普遍存在的问题。销售平台需要在这个过程中寻找解决问题的方法，挖掘自身特色和增强品牌差异，特别是时尚产业一定要避免陷入价格战困境，使品牌形象在消费者心目中大打折扣。

电子商务时代的来临潜移默化地改变了人们的购物方式，在中国市场，从淘宝网到京东购物商城，数字营销已经深入消费者的心中。时尚品牌的售卖需要做出更多的改变，一方面需要通过做好线下旗舰店和专卖店打造品牌形象，在消费者心中留下美好的印象，另一方面需要利用网络造势和多渠道销售产品的方式影响消费者的购买决策。ESSEC高等商学院市场营销学教授多米尼克·夏代尔将当今的消费者比作"游牧民族"，意在表明消费者早已不局限于传统的购物方式，这就需要时尚品牌兼顾传统与现代、线下与线上的同步发展。

值得一提的是，虽然当前整合营销和社群营销等大热的营销方式在一段时间内吸引了消费者的注意力并带动了消费，成为时尚企业的宠儿，但当市场中充斥着这些类似的手段时，消费者将会遭受过度的营销刺激，如太多的联名产品和名人带货，导致他们的神经变得麻木。在这种情况下，时尚企业想要调动他们的情绪，并唤起他们的购物热情将会变得越来越困难。

此外，随着人们环保意识的觉醒和全球环境的持续恶化，时尚产业也面临着如何平衡市场与环境的难题。绿色营销、二手经济、可持续发展时尚及其他营销模式也正在成为未来的发展趋势。

第二单元
时尚市场营销的影响因素

课　　　时： 11课时

单元知识点： 时尚市场营销环境的影响因素、时尚市场营销环境对企业营销活动的影响、洞察消费的真实动机、时尚参与度提高附加值、构建目标消费者画像

第三课　时尚市场营销环境

课时： 5课时

要点： 时尚市场营销环境、自然环境、人口环境、经济环境、社会文化环境、SWOT分析

开篇案例

女性消费者对相机市场的影响

在人们过去的认知里，手机、相机、平板等电器被归类为耐用的电子产品。时至今日，随着电子产品的使用寿命缩短，人们对这类电子产品的外观要求提高，如我们在选购手机、相机时，产品的性能和质量早已不是选购的唯一标准，造型美观和人性化设计成为这类产品在同类产品中脱颖而出，从而获得消费者青睐的重要竞争手段。基于消费者购买行为和市场营销模式的转变，我们将手机、相机、平板这类产品重新定位为消费类时尚电子产品。

中国互联网消费调研中心发布的研究结果表明，微型单反相机已经度过市场起步期，正式进入快速发展期。图2-1为传统单反相机。毫无疑问，2011年是微型单反相机发展史上具有里程碑意义的一年，奥林巴斯、松下、索尼等公司都推出了针对女性消费者的微型单反相机。这预示着女性消费者对相机市场的影响日益增强和未来相机市场的发展趋势。

图2-1　传统单反相机

图片来源：摄影家手札

2013年，业内人士预言了单反相机的新趋势：女性、高像素和无限可能。自拍行为和社交媒体的兴起，促使女性消费者热衷于拍摄和发布照片，也产生了对高画质的要求。此外，无限可能意味着在科技迅猛发展的当下，将最新技术，如虚拟现实、大数据和智能分析纳入产品研发设计中也是每家公司提前布局未来市场的主要方向。如今，女性摄影涉及时尚设计和自拍等多领域，在兼顾画质的同时，还需满足时尚和便携性方面的需求。佳能公司认为在这种消费者需求下，微型单反相机已不能满足女性消费者的需求。因此，佳能公司推出了专门针对女性消费者的相机。

2014年，在第17届中国国际照相机械影像器材与技术博

览会上，人们强烈地感受到，影像正在为用户带来新价值，旅游和女性消费者成为相机的快速增长点。更自信、更个性的年轻女性源源不断地加入单反家庭，2013年底，佳能的3000台限量白色EOS 100D"饼干"头套装在短时间内销售一空，女性消费者是其主要购买群体。图2-2至图2-4为EOS 100D后续产品，依然延续了以女性用户为目标消费群体的定位。

无独有偶。在潜力极大的女性市场这个蛋糕诱惑面前，松下公司发布了自拍相机产品，并在获得较好的市场反响后持续推出系列产品（图2-5、图2-6），还特别配备了各种滤镜和美颜效果，更加贴合女性消费者的需求。

我们不难发现，相机已经褪去了专业、复杂的传统外衣，部分产品开始以小巧、个性和亲民的形象力求吸引女性消费者。不得不承认，过去以男性为主导的相机行业，如今女性的介入让市面上的相机产品染上了更多的时尚色彩。各大公司在这样的市场环境中，纷纷推出针对女性消费者需求的产品。

图2-2　佳能EOS 200D Ⅱ实物图

图2-3　佳能EOS 200D Ⅱ适用场景

图2-4　佳能EOS 200DⅡ的特点

图片来源：佳能官方网站

图2-5　松下DC-GF10KGK

图2-6　松下DC-GF10KGK的各种滤镜

图片来源：松下官方网站

1. 时尚市场营销环境概述

营销环境是指营销管理者在进行营销活动时所需考虑的企业在市场中面临的各种内部状况、外部影响和各种相关条件的集合。时尚市场营销环境由于时尚参与度和感性因素的影响，因此各企业在策划营销活动时必须更加深入地研究目标消费者的流行心理、接受度和生活形态。

通常情况下，企业的市场营销环境被分为两个类型：一个是宏观环境，即营销管理者对商品进行营销活动时，影响产品的供给和需求的各种外部因素，包括人口、自然、经济、技术、政治法律和社会文化等企业不可控因素。另一个是企业内部所需处理的微观环境，包括三个方面：

①进行市场营销活动的企业，营销管理者需要分析这个企业的优势、劣势，以及其所面临的机遇和挑战。

②营销管理者在策划执行营销活动时的分销渠道企业，如上游企业和下游企业。

③目标消费者、相同商品的市场竞争者和公众。

宏观环境和微观环境会在市场中和企业内部形成强大的力量，对企业来说，这些是它们难以控制的，并且这些力量和因素是随着时间的推移和市场的变革而不断变化的。因此，面对这些力量，企业只能顺势而为，不可逆势而动，否则将面临被市场淘汰的命运。

2.外部影响因素——宏观因素

环境变化往往是很难预测的，但是我们又不得不应对环境的变化。通过前人的分析研究得出，市场营销环境可分为可控制的环境和不可控制的环境。一家企业从踏入市场摸索着站稳脚跟，再运用拓宽业务范围或提高产品档次等方式在发展期稳步上升，到经过诸多努力，如运用多种推广方式建立良好的品牌形象，发展集团化业务或整合流通渠道等方式，终于攀爬至巅峰。在这些艰苦的历练中，营销管理者对外部宏观环境的敏锐洞察和对自身企业优劣势的准确分析，是企业逐步走向成功必不可少的条件，也是企业能在瞬息万变的市场中屹立不倒的诀窍。

在市场营销学中，宏观环境影响因素通常包括以下六点。

1）自然环境

自然环境是指营销管理者所需要或受营销活动所影响的自然资源。对企业而言，需要注重的是自然环境（主要包含自然能源供应、能源成本、自然资源、政府对环保的干预等）变化可能带来的营销机会与压力。在时尚产业中，气候是值得密切关注的重要影响因素。

思考：为什么时装周被分为春夏和秋冬？

追根溯源，世界上首次举办时装周的地点是巴黎，于1910年由法国时装协会主办。之后，伦敦、米兰、纽约相继举办了自己的时装周，这四个城市以其在时尚界难以撼动的地位成为时尚的风向标，并称为四大时装周。其中，巴黎、伦敦和米兰地处欧洲，四季分别不明显，因此它们根据自己国家和周边环境确立了时装周的举办时间，每年举办两次，分别为春夏和秋冬时装周。试想，若是在四季分明的国家或城市最初成立时装周，也许时间的划分会大相径庭。

气候对时尚的影响远不止如此，无论是实体店铺还是电子商务平台在商品上新时都需精确把握时机，只有在恰到好处的时候推出适合的产品，才能获得最大利润。一份上新时间细分明确的时间表是满足消费者的需求和顺应自然环境的体现，这样才能减少库存、缩短产品再加工时间，迅速有效地回笼资金。

2）人口环境

人口环境包括人口规模、年龄结构、地理分布、家庭组成和人口性别等。人口是构成市场的第一要素。人口的数量，意味着市场的大小。人口数量的增长必然带来需求的增长。人们的衣、食、住、行等方面的需求也会因为人口数量的增长而增多，并且会随着经济的发展，人们寻求自我欲望的升高，多元化需求将会普遍出现，从而改变市场结构。当前的时尚企业正在利用消费者个性化、多元化的特点，深挖目标细分市场的需求，从外观、材质、包装等角度进行个性化的设计，以期获得目标消费群体的青睐。

3）经济环境

需求不仅表示消费者的需要，更要有经济基础作为保障。消费者的需要必须要有相应的购买力支撑才能叫作需求，具有购买力的人群才是营销管理者应关注的人群。

一般来说，经济繁荣时，人们的收入增加，购买力随之增强，对时尚产品的需求也随之增加。换而言之，经济繁荣推动流行速度加快，带来品牌细分活跃，让很多时尚品牌都得到了发展。

4）社会文化环境

社会文化是人类在社会历史实践过程中所创造的物质财富和精神财富的总和。一方面，每一个社会都有和自己社会形态相适应的社会文化，包括民族特征、价值观念、生活方式、风俗习惯、宗教信仰、伦理道德、语言文字、教育程度和职业等。从社会学角度看，任何消费者都能被归类为某一所属群体，而这个群体所坚持的伦理道德、价值观、人生观、审美情趣、风俗习惯等方面的见解会直接或间接地影响他们的心理诉求、购物需求、消费心理和购买行为。

另一方面，研究时尚产业中的市场营销行为时，需要格外注意流行趋势引起的大众审美情趣的改变，如产品展示会与时尚资讯机构每年发布的产品和流行趋势信息即是在向大众进行宣传、推广，但需要注意的是任何一个消费者都会不自觉地结合所属群体的见解对这些信息进行筛选和评价。

5）科学技术环境

科学的进步带来技术的革新。在时尚产业中不乏色彩、材料、制造技术等方面的进步影响了整个行业发展趋势的实例。不断被发明出来的新材料正在逐步被运用到时尚产品的设计中，如杜邦公司发明的莱卡面料具有高弹、耐磨的特性，该款面料被广泛运用在泳衣、内衣等贴身衣服的制作上。

当下大热的智能可穿戴设备正是借助数据交互、软件支持和硬件设备等多方面的技术支持才能设计和制造出的时尚产品，而智能可穿戴设备这一概念的问世，势必会改变人们对部分传统服饰品的观念，乃至影响部分时尚产品今后的设计和制造方式。

时尚企业需要时刻追踪科学技术进步的信息，结合自身实际情况尝试新材料、新技术，甚至考虑与研究所合作，开发具有独特性或行业领先特性的时尚产品，以此来增强市场竞争力。

6）政治法律环境

政治法律环境是指影响和制约企业营销活动的政府机构、法律法规及公众团体等。时尚企业必须密切关注国家出台的相关政策，根据变化的政治法律环境来预估对市场营销活动的影响，并制订未来的营销策略。进出口关税的变动会影响时尚企业原材料的进口、出口销售等多方面的价格变动，直接关系到时尚企业的产品定价和利润高低。

近些年，我国将生态环境保护作为重要工作内容之一，提出了如推进污染防治、壮大绿色环保产业、大力推动绿色发展等要求。时尚企业应当紧跟国家的政策方针，尽力减少在生产和消费过程中造成的环境压力。

3.企业自身分析——微观环境

1）企业内部环境

企业的愿景、使命、目标及文化都取决于最高经营者，也称决策层。企业内部环境有以下几个部分需要企业决策层作深入的思考：企业的SWOT分析[1]、上游产业和营销中介。这里主要介绍企业的SWOT分析。

2）企业的SWOT分析

SWOT分析法是被广泛地应用于市场学和策略学中，帮助确定企业自身的竞争优势、劣势、机会和威胁，从而将企业的资源和行动聚集在占有优势的领域，让企业的战略变得明朗的一种科学分析方法。一份合格的SWOT分析可以帮助企业更好地了解自身的优势和劣势，以便在未来的营销活动中做到知己知彼、百战不殆。

（1）列出与项目相关的影响因素

完整的SWOT分析，需要严格进行市场调查，掌握真实、客观的第一手资料和情报。通过市场调查，记录下目标消费者的生活形态、大市场环境、行业业态和竞争对手的情况等。

企业的外部环境分析通常采用PEST分析法和波特五力分析法。PEST分析法即从政治（Politics）、经济（Economy）、社会（Society）和技术（Technology）方面进行考察分析的方法。波特五力分析法主要用于市场营销策略分析的细化和深化，可以有效地分析客户的竞争环境，主要包含现有竞争者、潜在竞争者、供应商、替代品的威胁和消费者五种市场力量。调查者要得到上述各方的情报，需要从政策信息、市场调查、竞争对手调查和其他渠道调查获得有价值的情报。

分析企业的优势和劣势可以从企业管理的角度入手，即现场管理目标QCDMSS，具体从以下六个方面考核：品质（Quality），如产品质量的安全性、美观性、经济性等；成本（Cost）方面需要调查自身产品和同样等级产品的生产成本、营销成本、服务成本和定价等；交货期（Delivery）方面包含企业的生产能力、综合效率和按时交付的能力；士气（Morale）是指对企业的各类人才、设备、管理方法、管理体系和供应链进行评估；销售（Sale）方面需要调查者取得营销活动、品牌运

---

1 SWOT分析法，也称TOWS分析模型、道斯矩阵和态势分析法，20世纪80年代初由美国旧金山大学管理学教授海因茨·韦里克提出，被广泛应用于企业战略制订、竞争对手分析。

营和服务系统的相关信息；技能（Skill）包含设计研发能力、研发周期等。这些方面的相关信息主要来源于企业的会议、报告和内部沟通等渠道。

（2）构造SWOT矩阵

调查组需要根据企业自身情况对各项因素设定的重要等级，将分析出的内容按轻重缓急及影响程度进行分类。其原则为将对企业发展有直接、重要、大量、迫切、长远影响的因素优先排列，而有间接、次要、少许、短暂影响的因素排列在后面，按照这种方式对各项因素进行优先排序（表2-1）。

将各项因素以非常、很、一般、不、很不按从高到低的分数进行评分，并标注在下方列表中，如非常紧急、很紧急、一般紧急、不紧急、很不紧急对应的评分等级为5、4、3、2、1。

表2-1　评分等级表

区分	内容	优先顺序		
		重要度	紧急度	影响度
优势				
劣势				
机遇				
威胁				

营销管理者通过上述评分等级表，能较为清晰地了解企业目前的状态，并为下一步评估做好准备。

（3）评估

营销管理者依据SWOT的分析结果，作出能为企业未来营销活动指明方向的理性评价和建议。在此之前，需要明确一件事，即世上不存在完全没有缺点的企业。"金无足赤，人无完人"，哪个企业都不可能是全能的，营销管理者在面对纷繁复杂的企业自身状况和外部环境时，应当扬长避短，挖掘自身优势，结合宏观环境选准突破点。

第四课　时尚产业中的消费者行为分析

课时：6课时

要点：消费者的地位、洞察消费的真实动机、客观的刺激、时尚参与度提高附加值、消费者群体、构建目标消费者画像

开篇案例

背景与情境：诱导性消费

2016年，上海迪士尼乐园开业，虽然门票价格昂贵，但在很短时间内就销售一空，其受欢迎程度可见一斑。迪士尼公司最早在世界各地播放动画片，让全世界的孩子甚至大人都爱上了剧中的动画人物，如米老鼠、白雪公主和睡美人等。人们沉浸在迪士尼动画所创造的梦幻、快乐和幸福感极强的美好氛围中。迪士尼公司利用消费者心中对经典人物和美好氛围的憧憬，成功地推出了自己的主题乐园。迪士尼乐园让动画中的人物出现在现实中，成人消费者觉得进入迪士尼乐园是重拾了童年的欢乐时光，儿童则是被各种动画角色的现实化迷住了。

迪士尼公司向全世界播放迪士尼动画是在诱导消费者对剧中人物产生喜爱的感情，从而使人们自然延伸出对动画周边（图2-7）人物等的憧憬与偏好。在这种恰当的时机下，迪士尼公司向人们展示迪士尼乐园（图2-8），满足了消费者甚至还没有发现的潜在需求，引起消费者疯狂消费迪士尼公司的周边产品，从而使迪士尼公司获得了商业上巨大的成功。

据2014年《中国能源报》[1]报道：在中国，每2秒钟就有一名消费者购买一辆新车。作为普通大众，在中国购车需求最旺盛的几年中，大家的流行话题是谁家买了什么车，然后会评价汽车的品牌、外观和性能等因素，接下来会思考自己是否需要买车、买什么价位的车、喜好的风格设计等。由此可见，消费者的需要是会互相影响的，目睹身边人都买了汽车，就在心理上产生了对汽车的需要。

市场营销学者早已提出一种观念，即消费者的动机是需要外部刺激和心理诱导的。这也是上述案例中的迪士尼公司大获成功的原因之一。对现代的很多商品而言，消费者在购买和使用它的过程中，社会的趋同意识会起到影响作用，而商品的流行又会造成一种"大家都在使用它"的社会现

1　《中国能源报》是人民日报社主管主办的，是服务国家能源战略、能源政策与宏观管理的信息发布平台，也是我国第一张针对能源全产业链并为其服务的综合性能源产业经济报。

图2-7　迪士尼乐园游人如织

图片来源：由Bastien Nvs拍摄

图2-8　贩卖梦想的迪士尼乐园

图片来源：Park Troopers于美国奥兰多迪士尼乐园布纳维斯塔湖拍摄

象。在这个过程中，趋同意识和商品的流行程度互相影响，最后在消费者心中形成大家都在使用同样商品的印象。企业可以利用这种趋同意识和商品的流行，营造出大家都在购买和使用这个商品的氛围，从而达到将商品销售出去的目的，这种方式可以称为消费引导。事实上，现代营销根本意义上是在推销一种商品文化，而非单纯的商品本身。反过来，一个地区的商品文化又推动了该地区的经济发展和文化发展。

任何一种消费活动，都既包含了消费者的心理活动，又包含了消费者的消费行为。研究消费者的心理活动，能为解释和预估消费行为提供可靠的依据。

1.研究消费者行为的重要性

消费者是指购买、使用各种产品与服务的个人或组织。在漫长的市场营销发展历程中，企业逐步认识到研究目标消费者的重要性。目标消费者的生活形态和特质决定了他们所需要的服务，他们是产品价值实现的终端。换言之，目标消费者的定位决定了企业几乎所有的问题，包括经营、设计、生产、销售、管理等方面问题的最终指向。

市场营销的目的是满足消费者的需求，激发消费者的购买动机，促成购买行为，实现商品的销售。企业的市场营销活动要围绕消费者进行，要以最大限度地满足消费的心理愿望为目的，制订出迎合目标消费者心理、满足其消费需求和适应其消费习惯的营销策略，从而促成购买行为。

消费者行为是指消费者为索取、使用和处置消费物品所采取的各种行动及先于这些行动的一系列决策过程，甚至包括消费收入的取得等一系列复杂过程。

消费心理是指消费者在寻找、选择、购买、使用、评估和处置与自身相关的产品和服务时所产生的心理活动。消费者在决定购买之前，通常要经历五个阶段的心理活动：知觉阶段、探索阶段、评估阶段、决策阶段和行动阶段。在购买行为产生的整个过程中，消费者扮演了需求者、购买者和使用者三种角色。

消费者行为的研究是指研究个人、集团和组织究竟怎样选择、购买、使用和处置产品、服务或创意以满足他们的需求和愿望。消费者行为的研究对象包括三个方面：不同消费者的各种消费心理和消费行为，分析影响消费心理和消费行为的各种因素，揭示消费者行为的变化规律。

韩国学者崔彩焕提出的消费者购买行为模式如图2-9所示。

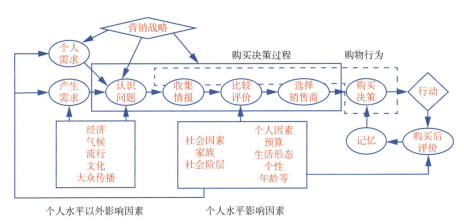

图2-9　消费者购买行为模式

消费者行为研究的使用范围十分广泛，可以说消费者行为研究是营销管理者作决策的重要依据，它深深地影响着企业的市场营销活动。一家企业的各项营销活动都是在研究目标消费者的生活形态、消费心理和消费行为后作出决策，并执行实施的。它可以为市场营销中的各个环节提供强有力的支持，如建立品牌形象、确定产品定位、制定价格和建立流通渠道等。

韩国学者崔彩焕提出，消费者在面对时尚参与度高的产品时，他们的消费心理和消费行为会变得很感性。消费者在比较评价产品的质量性能及原材料等经济价值时，不可避免地会被产品的感性因素即颜色、外观设计等所影响。因此，企业在设计、生产和销售时尚产品时，需要尤其重视感性因素对消费者的影响，研究其规律并为企业所用。

2.消费者的动机

1）生活形态决定消费动机

消费者的生活形态研究对分析消费者心理、理解消费者行为，甚至促进购买行为起着十分重要的作用。在市场营销学中，生活形态是指特定群体的、明显区别其他群体的独特行为方式、关注对象及对周边事情的见解。

生活形态因素的研究具体侧重于以下三点：

①行为：职业、兴趣爱好、日常休闲、度假和假期、地域风俗、社会文化行为等。

②关注：家庭、娱乐、流行、健康、媒体、成功、社会地位等。

③见解：自我认识、价值观、社会文化、政治、经济、产品、未来等。

2）消费者动机

消费者动机是指人们为自己的诉求或潜在需求付出努力的意愿，而意愿的强烈程度取决于相应的产品或服务在多大程度上满足了人们的需要。

动机的形成必须以需要为基础，需要引起动机，动机支配行为。需要是消费者获取以产品或服务形式存在的消费对象的要求和渴望。在消费行为学中，消费者动机是促使消费行为发生并为消费行为提供目的和方向的动力。

案例

需要相同，消费方式不同

现在的大型购物中心都会设计几种类型的休息场所，以供不同类型的消费者放松。当消费者逛街购物走累了时，中老年人倾向于选择免费的休息场所，经济条件较好的年轻情侣或朋友偏好供应饮品和小吃的精致店铺（如咖啡厅或冷饮店等），带着孩子的年轻父母需要一个可供孩子玩耍的场所，这样他们才能有额外的精力放在购物和休息上。由此可见，相同的需要——休息，在不同类型的消费者身上，所需要的产品和服务是大相径庭的。

①刺激消费时尚产品的动机。

西格蒙德·弗洛伊德[1]提出消费者行为同时受到心理和产品两方面因素激励。我们认为，刺激消费产品的动机来自消费者内心和产品两个方面。企业通过对这两个方面的掌控，让消费者按照企业预设的消费者情感去评判企业提供的产品或服务。显而易见，面对时尚参与度高的产品时，消费者在作购买决策的过程中心理和行为会趋于感性化，也更容易受到个人喜好和外界因素的影响。

周边，如动漫周边、明星周边等产品就是刺激动机的成功案例。商家巧妙地利用了能引起消费者某些情感和联想的元素，将其融入产品外观设计，从而促成对这些元素有"渴求"心理的消费者的购买行为。我们可以认为，这种购买行为的产生是十分感性的，特别是时尚参与度高的产品更容易使用外观作为刺激条件。

因此，动机是引起消费者情感变化的因素。刺激可以是物质的，也可以是精神的，或二者皆有。刺激越强，需求转化为动机的可能性就越大，而动机的形成必须有满足需要的对象和条件。

②分析消费者心理是洞察消费者真正动机的捷径。

在当代社会，消费者的消费活动都是在一定的社会环境中进行的。一方面消费者个人或群体的消费心理在很大程度上受社会环境的制约和影响；另一方面，消费者的行为也会在不同程度上影响和作用于环境。因此，研究消费者心理需要分析社会环境因素对消费者的影响。

案例

中国"大声的时尚"现象

针对近年出现的部分国人对奢侈品疯狂购买，并利用社交媒体和其他场所炫耀的行为，有学者创造了一个专有名词来描述这种现象——"大声的时尚"。大家发现，部分消费者尤其钟爱某些奢侈品牌，而他们最在意的不是奢侈品的质量，也并不是真正懂得其设计的美感，只是因为他们需要别人知道他们在用奢侈品、他们用得起奢侈品，这能获得他们所需要的他人眼中的肯定。基于消

1　西格蒙德·弗洛伊德（1856—1939）：奥地利精神病医生兼心理学家、哲学家、精神分析学派创始人。

费者的这种心理，有的奢侈品牌决定抓住当前的市场机遇，将自身品牌的Logo通过放大、变形等方式吊挂或印染在服饰品上，以此来满足这类消费者的虚荣心，从中获得可观的收益。与此同时，另一些奢侈品牌坚持采用一贯的低调作风。经过时间的沉淀，当初那些努力迎合"大声的时尚"的奢侈品牌大多被大众贴上了暴发户、俗气等标签。反观当时保持低调作风的品牌，它们不被短期利益所诱惑，成功保全了奢侈品牌应有的神秘、高贵和奢华形象，为其在中国的长期发展奠定了良好的基础。

从这个案例我们不难总结出，企业在了解消费者心理、洞察其购买的真正动机后，还需要判断如何能在盈利的同时塑造良好的品牌形象。这是每个渴求长远发展的企业都需要考虑的。

3. 时尚参与度和感性因素

虽然每个消费个体间存在对时尚敏感程度的差异性，但是绝大部分消费者在面对众多产品时会呈现出类似的判断行为，大致的界定范围如图2-10所示。

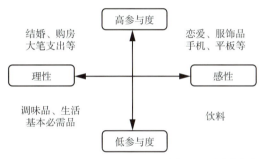

图2-10　时尚参与度

通常情况下，时尚参与度越高的产品，能让消费者在实施购买行为的过程中越感性，更容易受到消费环境、外观设计和品牌推广等方面的影响，也更有可能让消费者在处于情感较为激动的情况下达成购买行为。由图2-10可知，目标商品的价格越高，时尚参与度和感性因素就越低。

消费者在购买活动中需要有目的、自觉地支配和调节自己的行为，并克服各种困难来实现既定的购买目标，这个历经波折的心理过程称为消费者意志。意志受情感的影响，而最能左右情感的因素之一就是时尚参与度。由此可见，提高产品的时尚参与度是增强消费者购买意志的有效办法。

4.消费者群体

消费者群体是指两人或两人以上社会成员在长期社会交往过程中，在相互作用与相互依存的基础上形成的集合体。

消费者从收集产品情报到做出购物行为的过程中可能受到各类人群的影响，这些人群被称为目标消费者的参照群体。将参照群体按照对目标消费者的影响力进行分类，可分为以下五类。

1）主要群体

主要群体是指消费者达成购买行为的过程中最有影响力的群体，通常有家人、朋友、同事或合伙人。日常生活中由家人和朋友提出建议，并得到消费者接纳的程度非常高。当涉及工作环境中的穿着时，同事和合伙人的意见成了很大的影响因素。

无可避免地，家庭购买决策在目标消费者的大部分购买行为中占有决定性的作用，影响家庭购买决策的因素有以下五点：购买力状况、民主气氛、家庭分工、产品价位和产品风险。我们以童装购买为例，观察购买童装时的家庭购买决策过程和决策行为可以发现，购买童装的消费者可以同时具备多重身份属性：

①提议者：爸爸、妈妈、奶奶、爷爷等。
②影响者：建议购买童装的地点和品牌的朋友等。
③决策者：决定购买与否、支付方式、购买时间、购买场所。
④使用者：儿童。
⑤购买者：通常为妈妈。

在这个案例中，虽然童装的最终使用者是儿童，但是购买童装的提议者、影响者、决策者和购买者均不是儿童。这种情况还会发生在老年购买者或是对产品信息掌握不全、不自信的消费者身上。

思考：从影响家庭购买决策的五种因素进行分析，比较购买一件5000元以上的产品和200元以下的产品的家庭购买决策过程和决策行为。

2）次要群体

次要群体是指在目标消费者购买行为实施过程中，对他们的消费心理与行为的影响作用较小的消费群体。

3）分离群体

分离群体是指目标消费者无意加入的群体。因此，该群体对他们几乎没有影响力。如大学生群体在服饰品的选择上几乎不会受到70岁以上老年人的影响。

4）所属群体

所属群体是指目标消费者已经融入的群体。消费者的社会阶层、兴趣爱好和地域文化等决定了目标消费者的所属群体，但大部分人是不满足于自身当前的生活水平的。因此，营销管理者除了要了解目标消费者的所属群体，更需要关注他们的志趣群体，以便洞察出消费者的潜在需求。

5）志趣群体

志趣群体是指目标消费者期望能加入的群体，人们通常对某些生活方式或更高的生活水平产生渴望能上那种生活的感情，这种感情导致目标消费者会通过各种方式去接近和模仿自己希望能加入的群体。在志趣群体中，舆论领袖对信息的传播和对消费者的鼓励作用是值得企业认真重视的。

舆论领袖，属于传播学范畴的名词，是指能够非正式地影响别人的态度或能一定程度上改变别人行为的个人。在国内，从几年前的重庆姐妹花"呛口小辣椒"，到现在的李子柒等人，他们在信息传播中起到了告知追随者产品信息、提供购买建议的作用，在一个或几个消费领域具有引导消费的作用，并创造了惊人的经济价值。值得注意的是，每一个社会阶层都有与其生活水平较为接近的舆论领袖。通常情况下，追随者对舆论领袖的选择和模仿行为仅存在于其所属的社会阶层中，由于生活形态和消费水平等因素，跟风不会传递到其他阶层。

5. 构建目标消费者画像

　　构建目标消费者画像对时尚企业来说是十分必要的，特别是在消费者心理诉求多样化、追求个性化的今天。同时，由于时尚企业集团化已成为一种趋势，受上述两种因素的影响，构建目标消费者画像，深入了解目标消费者的需求，为集团化时尚企业旗下的品牌制定更细化和有针对性的品牌定位是必须完成的营销活动。目标消费者画像包括被试消费者的方方面面，具体的调研要素如下：

　　①基本信息：目标消费者人口、性别、年龄层、收入水平等。

　　②时尚偏好：正使用的和期待购买的时尚品牌、时尚风格、流行趋势等。

　　③社会属性：社会地位、人生阶段、职业、地域风俗、社会文化等。

　　④生活方式：日常休闲、度假和假期、兴趣爱好等。

　　⑤精神归属：价值观、政治见解、关注领域、舆论领袖、社群等。

第三单元
时尚市场营销获取情报的技能

课　　时： 5课时

单元知识点： 时尚市场调查的方法、高效的时尚市场营销情报系统构建方式、调研报告的制作

第五课　时尚市场营销调研

课时： 5课时

要点： 时尚市场营销调研的概念和作用、文案调查法、问卷调查法、观察法、访问调查法、购物调查法、高效的时尚市场营销情报系统构建方式、调研报告的制作

开篇案例

同一片海的不同结论

当渔民、石油公司、旅游者面对同一片海的时候，每个个体的切入点不同，他们需要收集的情报内容、收集方式和报告结论都将会有很大的差异。

渔民关注的是这片海中是否有丰富的海产品，这些海产品的数量和种类将会成为他们关注的两个焦点，此外，他们还会在意天气的好坏及最近的渔港位置等信息。

石油公司会将目光聚焦于这片海域下面是否有石油，石油储备量是否丰富，以及石油的开采是否容易等相关信息。

旅游者看到蔚蓝的大海，会先判断景色是否优美、能玩什么旅游项目、价格如何、是否安全等。

由此可见，针对渔民、石油公司和旅游者三者，所需提供的情报是大相径庭的，其调查方式和调查目的也将会有很大的区别。

上述案例充分展现了在收集情报时，情报可以根据调查人员的关注点不同而有所不同。因此，正确的情报思维是万分重要的，情报的收集会根据情报需求者的立场而产生巨大的变化。调查人员在收集情报时，首先需要明确雇主的目的，再制订相应的计划，以便能及时、准确地为雇主提供有价值的情报。

1.时尚市场营销调研概述

时尚市场营销调研是市场营销活动中至关重要的部分，通过时尚市场营销调研，企业可以解决一系列关于商品企划、生产、流通、销售等方面的问题，为企业的未来发展作出明智的决策。市场

营销调研可以是多种类型的：致力于分析当前企业的问题并提出建议来解决难题；预测未来趋势并结合企业自身优劣势分析为企业制订未来的营销方案；为企业寻找新的空白市场及扩张业务范围等。

科特勒曾对营销调研给出过确切的定义：在产品及服务市场上，为了达到改进决策制订与控制的目的而进行的系统问题分析、模型建立和实情调研。

由上述的内容可知，市场营销调研可以说深入剖析了市场营销活动中的每一个环节，下图中详尽地揭示了时尚市场营销调研的具体工作内容（图3-1）。

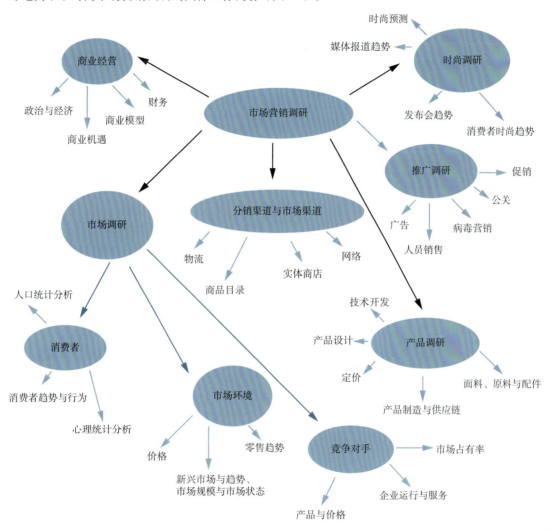

图3-1 时尚市场营销调研[1]

从图3-1可知，市场调研是整个营销调研中的一部分，需要注意明确市场营销调研与市场调研之间的关系，不可混为一谈。时尚市场营销调研相较于市场调研所关注的范围更加广泛，更侧重于宏观环境的分析，如政治、人口、经济、核心技术、社会文化和时尚流行趋势等。市场调研专注于剖析目标消费群体、市场环境、竞争对手等，二者之间有所区别。

在整个时尚市场营销调研活动中，所有的信息都应该被记录下来，并积累和提炼成为情报，为咨询公司或企业所用。

1　哈里特·波斯纳.时尚市场营销［M］.张书勤，译.北京：中国纺织出版社，2014.

2.时尚市场调查的方法

市场调查是以顾客为中心，以提高营销效益为目的，对市场信息资料进行有计划的收集、整理和分析，并提出解决问题的建议的一种科学方法。市场调查的服务对象是企业和行业机构。

企业每一次推出新产品都付出了巨大的努力。毫无疑问，我们在企划、生产和销售产品的过程中，开展市场调查，剖析当前市场形势、判断流行趋势变化、获悉竞争对手动向和了解目标消费者需求是任何一家企业都必须完成的任务。

根据资料的来源，市场调查的资料可以分为原始资料和二手资料。

原始资料（primary data），通过实地市场调查，为解决企业特定困难直接调查而获得的信息，如访问调查法、观察法、实验法和德尔菲法等。

二手资料（secondary data），通过间接资料调查法获得，即从已经存在的、整理好的、可直接取用的各种文献档案中的资料，如文案调查法。

本课将针对学习时尚市场营销的读者，着重讲解如何收集查找具有权威性的文献资料，以及运用文案调查法、问卷调查法、访问调查法、观察法等较为容易操作的调查手段来获取所需要的情报，最后介绍了时尚市场营销活动中的新型调查方法——购物调查法。

1）文案调查法

文案调查法也称间接调查法、资料分析法，是利用企业内部与外部现有的各种信息和情报，对调查内容进行分析研究的一种方法。鉴于文案的来源是现有的信息和情报，所以它的特点是收集已经加工过的文案。文案主要有以下两种来源。

（1）内部资料

①业务资料，是指与调查对象活动有关的各种资料，如订货单、进货单、发货单、合同文本、发票、销售记录、业务员访问报告等，通过对这些资料的了解和分析，能掌握本企业所生产和经营的商品的供应情况，以及分地区、分用户的需求变化情况。

②统计资料，即各类统计报表，企业生产、销售、库存等各种数据资料和各类统计分析资料等。企业统计资料是研究企业经营活动数量特征及规律的重要定量依据，也是企业进行预测和决策的基础。

③财务资料，是由企业财务部门提供的各种财务、会计核算和分析资料，包括生产成本、销售成本、各种商品价格及经营利润等。

④其他资料，如剪报、各种调研报告、经验总结、顾客意见和建议、同业卷宗及有关照片和录像等。

（2）外部资料

①统计部门及各级、各类政府主管部门公布的相关资料，如人口数量、国民收入、居民购买水平等。

②各种经济信息中心、专业信息咨询机构、行业协会和联合会提供的信息及相关行业情报。这些机构的资料齐全、信息灵敏度高，能满足各类用户的需要。

③国内外的书籍、报刊等所提供的文献资料，包括各种统计资料、广告资料、市场行情和各种预测资料等（图3-2、图3-3）。

图3-2 艾瑞咨询

图片来源：艾瑞咨询官网

图3-3 国家统计局

图片来源：国家统计局官网

④宣传广告资料，即相关生产和经营机构提供的商业目录、广告说明书、专利资料及商品价目表等。

2）问卷调查法

问卷调查法是指调查人员根据调查目标准备一系列问题，要求被调查者进行回答，调查人员收集信息的一种调查方法。问卷调查是为了收集某一消费群体对某一产品的认识、评价、行为等信息而设计的一系列问题。

针对不同的调研阶段，调查人员需要制作满足不同调研需求的问卷。在调研的初始阶段，为了保证后续问卷的有效性和可靠性，调查人员需要收集原始的数据。如某调查人员为了收集到能代表时尚的词汇，先采取了开放式问卷的形式进行问询。具体方式如下：被调查者从问卷给出的57个描述时尚的词汇中，按照时尚词汇、核心时尚词汇、外围时尚词汇和未列出的时尚词汇的分类方式进行回答，由此得出不同的人对时尚词汇的认知情况。调查人员在收集了开放式问卷的信息并整理后，可以将获得的信息结合在一起分析，为下一步的调查做准备，如进一步的问卷调查、访问调查等。

在完成原始信息的收集整理后，调查人员已拥有了具备有效性和可靠性的信息，接下来就可能进行再次的问卷调查。这类问卷通常包含三个方面的内容（以调研时尚产品在消费者心目中的印象为例）：首先是个人信息，如年龄、性别、受教育程度、收入、职业等；其次是关于整个行业的信息，如对市面上某类产品的评价、通常购买的品牌及原因等信息的收集；最后是围绕调查目标设计更细化的问题，如被调查者对调研品牌的评价，特别是选用或不选用该品牌的原因，了解该品牌的渠道等信息。不同于调研初始阶段的开放式问卷，再次制作的问卷一般采用问答题、排序题、单项和多项选择题的方式来尽可能获取被调查者的真实信息。

目前调查问卷有三种发放方式：纸质问卷、网络问卷和二维码问卷。这三种方式各有优劣，如纸质问卷要求调查人员当面呈交给被调查者，这可能会使被调查者更认真地回答问题；网络问卷能够让调查人员扩大问卷范围，避免了调查的局限性；二维码问卷具有被调查者可以随时随地使用手机扫码进行答题的优点，进一步打破了前两种方式在设备、时间和空间上的限制。调查人员可以根据自身情况选择一种或多种方式进行对被调查者的信息收集。

3）访问调查法

（1）小组讨论法

小组讨论法是将选定的被调查者分成若干个小组在适当的场所进行交谈，每组控制在3~5人。这种调查方法需要调查人员预先准备好每组的讨论题目，可根据小组的特点拟定不同的题目。小组讨论法的优点是能有效地节约时间和成本，缺点是难以挖掘被调查者的个性化答案。

（2）面谈调查法

面谈调查法是将准备好的调查事项，让调查人员直接面对被调查者，通过问询和讨论的方式了解情况，以此获得资料的方法。面谈调查法通常分为两大类：调查表提问方式和交流沟通方式。这两种调查方式各有优缺点，调查人员需要根据实际情况选择适当的调查方式。

①调查表提问方式，调查人员拿出已经设计好的各种问题，通过一问一答的方式向被调查者提问，记录下被调查者的回答。这种面谈方式，谈话内容明确，调查人员容易控制调查过程和进度，能收集比较全面的资料。同时，调查人员还可通过被调查者的表情和所处环境等因素，及时辨别答案的真伪。

②交流沟通方式，这种方式需要调查人员具有较高的素质，熟练掌握访谈技巧，并事先做好调

查的准备工作，预想被调查者面对问题时可能的状态和想要避开的问题，思考如何引导被调查者说出自己的真实想法。一个好的调查人员能在面谈法中充分发挥作用，使被调查者有充分发表见解的机会，有利于沟通双方深入地讨论问题，弄清所需了解问题的来龙去脉，甚至挖掘出未被企业重视或发现的信息。这种调查方法常用于了解消费者的购买动机、消费倾向、产品质量等问题。

（3）深访

深访是调查人员一次仅针对一个被调查者，进行一对一、面对面的单独谈话的一种资料收集方式。深访的优点是给予了调查人员一个更加独立和私密的谈话空间，让调查人员可以提出不宜在人多场合讨论的较敏感问题，深入了解被调查者的心理诉求和行为。其缺点是由于是一对一的形式，因此调查周期较长，调研的时效性较差，增加了调研成本。这种类型的访问方式适合采访在消费者群体中具有代表性的人物或行业的权威人士。

4）观察法

观察法是调查人员在调查现场对被调查者的情况进行直接观察和记录，从而获得信息的一种调查方法。调查人员根据一定的研究目的、研究任务和观察表，用自己的感官与设备工具去观察和记录自己的所看、所听。这种方法的特点是调查人员不直接向被调查者提出问题要求回答，而是依赖调查人员耳闻目睹的亲身感受，或者利用照相机、摄像机、录音机等现代化工具间接地记录资料。

观察法的主要内容有观察街头人群、研究消费者的购买行为、观察产品使用现场、商店柜台、陈列设计和顾客流量等。通过对上述事项的观察，调查人员运用多种方式详细地记录下相关信息，定期整理提炼成情报，是行之有效的市场调查方法。

在时尚产业中，街拍不失为一种行之有效的方法。街拍源于大众的需求，最早经由时尚杂志传播，现多由街拍网站进行展示。大众不但渴求了解秀场上名模和明星的穿着，也需要来自他们身边的流行信息。对普通大众来说，身边人的穿着无论是从购买还是可穿度上都更易于模仿，同时擅长装扮自己的时尚达人本身也成为传递时尚信息的中心。这点在服装、香水、美妆、饰品及可随身携带的配件，如手机、平板、相机等方面显得尤为突出。街拍获得的图片资料，通过整理、分析可以得出当下的大众流行趋势。

5）购物调查法

随着市场的演变，调研机构和企业探索出了一些新的调查方式，其中通过实际逛店并购买产品的方式能获取相当有用的情报。购物调查法可以分为比较购物和秘密购物两种方法。

比较购物是将竞争对手的产品购买回来，详细研究其产品线、色彩、外观设计、材质、价位、核心技术、促销政策和展示陈列的调查方法。比较购物已经成为众多情报机构为企业洞察其竞争对手动向的有效方法之一。比较购物可以在实体店铺或网络店铺中进行，特别是通过电子商务平台，能够较为快速地了解产品当月销量、用户评价等信息。

近些年，由于零售商越来越需要运用良好的购物体验来吸引目标消费群体，秘密购物作为一种新型调查手法正逐渐成为重要的调查手段。秘密购物是指市场调查机构派遣调查人员假扮成顾客，并在实体店铺或网络店铺购物的过程中收集竞争对手的最新动向、服务质量等方面情报的调查方法。由于这些调查人员是以消费者的角色进行购物体验活动的，因此更能以消费者的角度客观真实地评价、分析竞争对手的服务质量、网店网页或实体店铺的逛店感受等。

3.营销情报的收集与利用

营销情报是企业或专业情报机构通过收集大量有关市场营销环境和目标消费者的相关信息，并对信息进行确认、加工和筛选所得到的及时、准确的信息。

营销情报的传递不仅为企业提供有价值的信息，同时消费者也能从各类情报中受益，促使消费完成。从企业的角度来说，营销管理者通过习得性的经验与市场调查，帮助现有的或具有潜力的产品在目标市场登陆。而消费者则可以通过以往的消费经验和市场信息，如广告等其他方面的信息，寻找获得商品价值观念的认同，并达成消费。由此可见，营销情报的传递不仅是企业收集有关消费者、自身企业和市场的情报，也是消费者有意识或无意识地将自己的所看、所听和所想通过大脑将各类商品与品牌进行归纳和整理，以此作为将来消费的依据。营销情报的传递关系如图3-4所示。

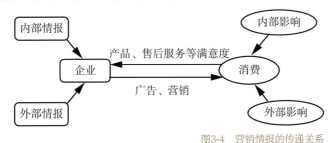

图3-4　营销情报的传递关系

4.构建高效的时尚市场营销情报系统

营销情报系统由人、设备和程序组成，为营销管理者收集、挑选、分析、评估和分配所需要的、适时的和准确的信息。

据美国500家大公司的问卷调查可知，75%的公司建立了营销情报系统。营销情报系统的建立和使用，使企业情报处理的重点由围绕生产数据的统计转变为提高公司营销情报处理的能力。具体表现为，企业更加重视营销情报的收集和管理，同时增加与外部市场环境的情报交换以增加营销情报的总量。

根据菲利普·科特勒教授的建议，并结合时尚市场营销调研的具体情况，我们总结出可以通过以下六种方法完善和提高营销情报的质量：

①从下至上，目标消费者的情报收集：企业建立自身的情报收集网络，要求销售人员发现并报告相关市场出现的新动向。

②销售情报：企业可以鼓励分销商及其他一些营销中介机构向自己提供销售信息。现在很多品牌加盟商和代理商都被要求提供商品的销售情况，以便企业收集相关情报。企业可以通过这些方式来了解新兴市场、零售趋势等，以及政治、经济方面的宏观环境情况。

③竞争对手的情报：企业可以通过秘密购物、比较购物、参加产品展销会和新产品发布会、阅读竞争者的宣传手册和广告及行业公告等途径获得竞争对手的情报。这类情报可以通过店面开张初期宣传、新品上市宣传、打折促销宣传等图片和影像资料获得。

④目标消费者的情报：企业可以挑选几个重要或具代表性的顾客组成顾客咨询小组。通过这种方式，企业可以从顾客那里获得有价值的信息，同时加深同顾客间的了解和联系。消费者提供的情

报是所有情报的基础，所有战略、商品企划、设计、营销、广告推广等都是以目标消费者的需求为基础而制订的。

⑤流行趋势情报：企业可以从信息中介机构购买自己所需要的情报。关于流行趋势的时尚调研不仅需要了解官方发布的设计展示会、每年的时尚预测，还应当了解媒体动向。需要注意的是，设计公司或流行趋势调研机构每年发布的关于色彩、外观和材质等方面的流行趋势，由于技术、接受度和流行传播速度等不同，因此新的流行趋势不一定能一经发布就迅速在消费者中受到热烈追捧。观测消费者的时尚趋势，只有将当下大众的时尚趋势与时尚调研情报结合起来，理性分析数据和信息才能得出更加准确的时尚情报。

设计咨询公司介绍：WGSN（Worth Global Style Network）是英国在线时尚预测和潮流趋势分析咨询公司，其评估和预测的范围涵盖服饰品、工业设计、室内和家居设计等相关的行业，为这些领域的设计师、买手、销售主管和市场营销管理者提供可靠准确的行业情报与分析预测（图3-5、图3-6）。2013年11月22日，WGSN宣布收购Stylesight，后者为WGSN在国际市场上最大的竞争对手。自

图3-5　WGSN的预测范围

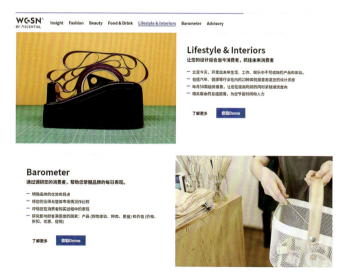

图3-6　WGSN咨询覆盖多个领域

图片来源：WGSN官网

此，WGSN成为全球最权威的时尚预测和潮流趋势分析机构。

⑥产品调研：主要针对商品企划初始阶段所需的情报，如上游企业所能提供的原料和生产制造供应链等。设计团队根据已有的原料资源、生产能力结合产品定价和流行趋势等方面的要求设计与研发新产品。

⑦推广方式和流通渠道：在时尚产业中做品牌推广和流通渠道，需要充分利用时尚产品容易被感性购买这一特性进行调研。具体表现如苹果公司固然设计出众，但是在目标消费者和潜在消费者中掀起购买浪潮，提高自身店铺格调，让更多人想拥有一个"苹果"，这是十分值得我们深思的。

调查人员需要紧跟当前流行的生活方式，发现目标消费群体的生活特质来量身定做一套适合他们的推广方式。

⑧建立营销情报系统：企业可以建立营销信息中心，用以收集和传递自己所需的情报。它既能收集相关信息并分类存档，也能帮助决策者评估新信息。

5.制作调研报告

企业依据目标完成市场营销调研后，便会对企业的未来进行规划，制作一份调研报告。调研报告作为体现营销调研成果的书面记录，需要将获得的情报按照以下方式进行分类。

1）当前形势分析

首先，在调研报告中需明确告知企业目前在市场中所处的位置，可以从价格、市场定位、竞争者、消费者满意度等方面进行说明。其次，在调研报告中需利用销售数据和企业内部资料等方面的情报对企业已开展的工作进行评估，如差异化战略、流通渠道和促销组合获得的成效等。最后，在调研报告中需对企业进行SWOT分析。

2）目标

依据当前形势得出的分析，结合目标消费者、新兴市场趋势和流行趋势方面的情报来为企业的未来制订一系列的目标，包括短期需要获得的收益和长期的品牌发展等。

3）未来的营销策略

根据产品调研、目标消费者、推广方式和流通渠道等方面的情报制订完整的营销策略，明确企业需要通过何种营销活动来达到目标。

4）预算和销售预测

回顾之前的销售情报、结合产品的定价和市场规模预计出新的营销活动预算，并对销售情况进行预测。

第四单元
时尚产品营销策略

课　　时： 14课时

单元知识点： 掌握适合时尚产品的定价方法、分销渠道的设计方案和促销组合的编配

第六课　时尚产品定价策略

课时： 4课时
要点： 影响时尚产品价格的因素、具体的定价方法

开篇案例

香奈儿5号的定价策略

香奈儿始创于1913年，是一个已经有100多年历史的奢侈品牌，其产品线涉及时装、香水、化妆品、珠宝及其配件等。香奈儿时装有着高雅、简洁和精美的风格，是时尚名品的代名词。在香奈儿种类繁多的产品中，最赚钱的产品是香奈儿5号香水（图4-1），其限量典藏版的售价更是高得让大多数人望而却步。现在我们来看一下该款香水的价格结构。

原材料：生产香奈儿香水的原料是阿尔卑斯山脚下的玫瑰和茉莉两种花朵，1吨玫瑰花只能制造出2千克香精，而1吨茉莉只能生产3千克香精。因此，1千克玫瑰香精价值3万法郎，1千克茉莉香精价值11万法郎。

加工成本：调香和制作，香奈儿5号的调香是由巴黎香水界名鼻Ernest Beaux研制，研发费用高昂。

推广：众所周知，香奈儿5号的代言人都是极具国际影响力的明星，如妮可·基德曼、吉赛尔·邦辰、玛丽昂·歌迪翁等。据称香奈儿对5号香水的广告投放有严格的控制，要求必须是与香奈儿5号香水目标消费群密切相关的媒体，如高档专业杂志等。

流通渠道：香奈儿选择高档百货商场、五星级酒店和高级会所等开设终端专柜，致使一般场所难以寻觅香奈儿5号香水的踪迹。

由此可见，香奈儿5号香水的所有战略均是围绕着品牌定位和核心价值制订的。香奈儿品牌花费大量金钱和精力去塑造香奈儿5号香水，这些都是香奈儿5号香水即使价格高昂也会获得理想销量的秘方。

图4-1 香奈儿5号香水

图片来源：香奈儿官网

1.制约价格的因素

1）价格的基本结构

通常情况下，在新产品投入市场时才会涉及价格的制定，而定价不是简单的成本+利润，定价的多少会深远地影响产品的销售、企业的盈利和产品在消费者心目中的定位。要想制定合理的价格，首先需要了解价格的基本结构，主要包含以下五个方面：

①直接原材料费用：制造产品所需的基本原材料的费用。

②直接劳务费：研发设计费用和工厂代工费用等。

③直接制造费：产品的包装和赠品等费用。

④间接劳务费：中间商产生的费用等。

⑤转移成本：产品转化为商品的过程中所产生的一系列费用，如物流、店铺租金和水电气费等。

市场营销学中的价格是指产品或服务的交换价值在流通过程中所取得的转化形式。价格不但包含产品成本、企业所需的利润，更是产品在目标消费者心目中的价值体现。时尚产品应逐渐摒弃传统的价格竞争，转而以提高产品附加值，使企业的产品在消费者心中具有理想定位标准为目标。这意味着当两种或多种产品花费差不多的成本时，能以高价销售并占有相当市场份额的产品，是具有高附加值的体现，也是时尚产业的魅力所在。

2）制约因素

制定价格需要全面考虑，做到对各方面因素面面俱到。通常情况下，价格的制定会经历五个步骤：定价目标、估算成本、测定需求、同类产品的价格、确定定价方法和价格。

在没有发生战争、重大事故和自然灾害的前提下，世界各国提高工资水平和生活水平的趋势是不可逆转的，故人们的追求也会更高。人们除了对产品基本功能的需求，还会更加重视审美、便利、质量、性能、情感和社会价值等方面的需求。

综上所述，产品的个性化、时尚化、定制化和体验化将成为未来的发展趋势，而满足消费者上述需求即提高时尚产品的附加值，故时尚产品必须往高附加值方向发展，而低价策略打价格战是时尚产业中不可取的营销战略。

2.具体的定价方法

现代任何一个行业，成功的产品必定是产品核心价值、产品物质价值与产品附加价值的综合体现。现代市场营销中，常用的定价方法有成本导向定价法、顾客导向定价法和竞争导向定价法。这三种定价方法各有优势和劣势。因此，营销管理者需要根据自身产品的定位，剖析影响该产品定价的首要因素，侧重选择一种定价方法为新产品制定价格。

1）成本导向定价法

成本导向定价法是以成本为基本依据，附加预期利润来预定价格的方法，是中外企业最常用、最基本的定价方法。

2）顾客导向定价法

顾客导向定价法是企业以市场需求状况、消费者对产品价值的感受及理解程度为主要依据的定价方法。未来市场营销的核心要素是价格透明化，消费者对自己感兴趣的产品只需动动手指就能掌握所有的价格，且现在的搜索引擎还提供了将各种购物平台的同类产品价格进行比较，最终选出全网最低价进行推送的功能。

顾客导向定价法就是在这样的市场环境中应运而生的，在市场营销的发展中逐渐衍生出更加细分的定价方法，如认知价值定价法、需求差异定价法和反向定价法。

（1）认知价值定价法

认知价值定价法是根据目标消费者对企业开发的新产品的认知进行定价，企业研发的新产品需要在性能、质量、服务、品牌、包装和价格等方面具有能体现其特定市场定位的差异化特质。但事实上，消费者对自己较熟悉的产品都具备基本的知识，如科技含量、成本高低和市场行情等。目标消费者在初次面对新产品时，会依照他们以往的购物经验和累积的产品相关情报，在大脑中自动生成新产品所应有的定价。如果产品的定价与消费者对产品价值的认知水平大体一致，消费者就会认可这种价格，但这并不代表他们会购买这种新产品。

人们在产生购买行为时具有从众和求异这两大看似矛盾的心理。对于基本的日常生活用品，人们的从众心理会大于求异心理，因为这类产品本身没有多少个性化趋势，人们购买它们是为了能更好地使用。在面对时尚参与度高的产品时，人们总是想买到与众不同的产品，这就是消费者的求异心理在作祟。由此可见，根据消费者的这种心理，若是时尚产品采用高定价，大部分消费者会思考为什么这个产品会比别家的贵，到底好在哪里，我是否需要为这种与众不同付费。相对地，若是采取低价策略，有的消费者反倒会觉得这个产品不值得我购买，因为它比同类产品"低人一等"，所以我不要购买不好的产品。

上述情况在时尚产品中体现得格外明显，因为当时尚与产品相关联时，人们购物的感性因素就大大增加了，但感觉是无法用语言表达的，也是不够理智的。可以说这时消费者处于一种"我无法具体说出它哪里好，但我就是想拥有它"的状态。

（2）需求差异定价法

需求差异定价法指产品价格的确定以市场需求为依据，企业将两种或两种以上价格的产品投入市场进行销售。需要注意的是，引起价格差异的根源是目标消费者的需求不同。这种定价方法将成本因素放在次要的位置，目标市场需求才是首要因素。其优点是在充分细分市场的前提下，企业的产品定价不是以偏概全的，最大限度地符合了各细分市场的需求，有利于企业获取最大利润。其缺点是若操作不当容易引起消费者的反感，有损企业的声誉。

案例

亚马逊公司的差异定价

2000年，亚马逊公司的经营遇到了危机，需要尽快地实现盈利，最终亚马逊公司选择了其经营最久的图书、音乐唱片和影视碟片作为试验地。亚马逊公司于2000年9月中旬开始了差异定价实验，将68种DVD碟片进行动态定价。亚马逊公司根据潜在客户的人口统计资料，在亚马逊的购物历史、上网行为及上网使用的软件系统中确定了68种DVD碟片的报价水平。如《泰特斯》碟片对新顾客的报价为22.74美元，对该碟片表现出兴趣的老顾客报价为26.24美元。这一定价策略，使老顾客付出了比其他顾客更高的价格，亚马逊公司因此提高了销售的毛利率。但在1个月后，消费者发现了亚马逊的差异定价。老顾客十分愤怒，甚至有人公开表示以后不会再使用亚马逊购物。最终，亚马逊公司承诺给所有在价格测试期间购买了68种DVD碟片的消费者以最大的折扣才平息事态的进一步恶化。

从这个案例中，我们可以看出亚马逊公司的差异定价不仅使公司蒙受了经济上的损失，而且使声誉受损，真是得不偿失。

（3）反向定价法

反向定价法指企业根据产品的市场需求状况和目标消费者能够接受的最终价格，计算自己经营的成本和利润后，倒推批发价和出厂价格的定价方法。这种定价方法需要时刻关注目标消费者的需求和产品的特性。

3）竞争导向定价法

竞争导向定价法是指企业通过研究竞争对手的生产条件、服务状况和价格水平等因素，依据自身的竞争实力，参考成本和供求状况来确定产品价格。

以上三种类型的定价方法各有优势和劣势，营销管理者应当根据产品特性和目标消费者这两大因素选择某一种定价方式作为侧重来为新产品定价。其中，需求差异定价法是最适合时尚产品的定价方法。消费者最在意的不是时尚产品的生产成本和市场行情，他们是想通过购买时尚产品来满足自己对"美"和潮流的追求。因此，提高产品附加值，思考如何让消费者愿意为时尚产品应有的高价格买单才是时尚企业应考虑的，也是未来时尚产业的发展趋势。

第七课　时尚产品渠道策略

课时： 5课时
要点： 时尚产品渠道策略的影响因素、分销渠道的设计流程

开篇案例

ZARA在分销渠道上的巨大成功

作为全球最大的服装零售集团Inditex的一个子公司，ZARA为该集团贡献了三分之二的销售额。英国知名咨询公司Brand Finance发布的"2017年度全球最具价值品牌500强排行榜"中，ZARA以143.99亿美元的品牌价值位列第90名。[1]

ZARA能创造出巨额的财富，得益于它拥有一套独特的快速反应链系统。从原材料采购和产品设计、生产、配送到销售情况反馈，除了部分的产品ZARA采用外包的形式进行生产，其余的业务均由ZARA一手把控。ZARA的快速反应链系统如图4-2所示。

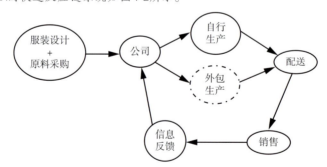

图4-2　ZARA的快速反应链系统

ZARA公司的这套系统解决了服装企业所面临的三个常见问题。

1.原材料短缺

ZARA公司为了避免服装生产和补货过程中容易出现的原材料供应问题，在公司本部附近建立了一个由200多家原材料供应商组成的庞大的原材料"王国"。

1　数据来自Brand Finance官网。

2.品牌形象受损

ZARA公司推出的每种服装的数量都只有几件，通过门店经理每日反馈回来的销售情况和稍后总结的补货订单，针对畅销的款式进行极少量补货，人为造成"缺货"现象。另外，由于ZARA公司只在前期生产少量的产品，因此当出现销售情况不理想的产品时，也不会造成大的库存压力，同时减少了打折的频率和力度。人为"缺货"和极少打折能很好地维护品牌形象。

3.商品流通缓慢

ZARA公司一手建立的销售渠道让产品从生产出来到配送到门店的整个过程没有中间商，信息能快速地反馈到公司总部，并迅速作出反应。ZARA公司在各零售店的订单提交之后8小时内便可发货，从设计理念到成品上架仅需十几天，大大节约了产品在流通过程中的时间。

设计分销渠道的主要目的是降低成本和缩短时间，ZARA公司通过自建一条专属分销渠道，实现了"快速、少量、多款"的品牌管理模式，让其在服装零售行业中一度独占鳌头。

ZARA公司在发展过程中坚持重视时间对时尚产品的积极影响，而在市场营销的各个环节中，分销渠道无疑是节约时间的突破口，最终ZARA公司利用雄厚的财力创造性地设计了一条成功的专属分销渠道。

1.分销渠道的含义

分销渠道，是指能促使某种产品或服务顺利地从生产者向消费者（或用户）转移的所有企业和个人。在分销渠道中，排除生产商和消费者（或用户）之外的中间环节，统称为中间商，他们的职责是让产品（或服务）能以更精准和恰当的方式呈现给目标消费者（或用户）。

中间商能缩减交易次数，让市场更高效地运转，节省供应商的时间与精力（图4-3和图4-4）。分销渠道是专注于将供应商的产品或服务，以高效的方式销售给消费者（或用户）的一系列组织。

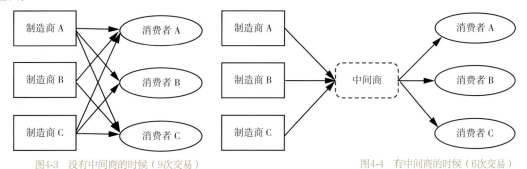

图4-3　没有中间商的时候（9次交易）　　　　　图4-4　有中间商的时候（6次交易）

2.分销渠道的影响因素

一个设计优良的分销渠道能让渠道中的各个组织发挥最大作用，有条不紊地履行各自的职责，企业的产品或服务能最大程度地接触目标消费者，并以最适合消费者的方式销售产品。影响分销渠道的因素有以下五个。

1）目标消费者的特点

在设计分销渠道时，需要考虑目标消费者的人数、地理分布、消费习惯、需求季节性及对不同促销方式的敏感度等。通常来说，销售时尚产品的企业更需要深挖目标消费者的特点，因为适合差异化营销的时尚产品更需要量身定制的渠道策略。

2）产品特点

分销渠道设计的产品特点有单价、体积、重量、款式、易毁性和易腐性等。结合时尚产品的季节性，我们需要特别考虑如何在合适的时间上新、快速补货和更换款式。

3）同类竞争者

企业在设计分销渠道前需要先考察同类产品的竞争者所使用的分销渠道，确保自身企业能更快、更紧密地接触消费者。

4）企业自身条件

企业的规模、财力、经销能力和管理水平等都会影响分销渠道的设计。如拥有雄厚财力的企业在推出一个新的服装品牌强势进入市场时，会更倾向于将分销渠道设计得宽一些，以便能大量接触消费者。而设计师品牌可能更适合以专卖店的形式进行销售。

5）中间商的特点

企业在设计分销渠道时应该考虑每个中间商的特点，思考如何选择最适合自己产品和消费者的中间商，以及如何组合这些中间商，让他们在分销渠道中发挥最大效用。常见的中间商有批发商和零售商。

（1）批发商

批发商主要是指向制造商大批量购进产品，然后转售给零售商或各种非营利组织的中间商，处于分销渠道的中间环节。批发商主要有三类：商人批发商、经纪人和代理商、制造商及零售商的分店和销售办事处。

（2）零售商

零售商是指将商品直接销售给最终消费者的中间商，处于分销渠道的最终环节。零售通常被分为实体店零售和无门店零售。

①实体店零售。

专卖店——专门销售某一类产品的商店，如体育用品商店劲浪。

百货商店——销售多条产品线的产品（通常包括服装、鞋帽、箱包等），如新世纪百货、太平洋百货等。

超市——销售各类日常消耗品的经营机构，如沃尔玛、永辉等。

便利店或自动售货机——方便周围消费者购买急需品的小型商店，通常营业时间较长。

折扣店——多在郊区开设，提供质量恒定且价格划算的产品的商店，如奥特莱斯等。

仓储式商店——为消费者提供平价、优质产品的连锁式零售商，如优衣库、ZARA等。

购物中心——以大型零售业为主体，众多专业店为辅助业态和多功能商业服务设施形成的聚合体，如龙湖、万象城等。

②无店铺零售。

上门推销：利用经过专业培训的推销人员在家庭、办公室等场所进行销售的方式，如雅芳公司。

电话、电视购物：利用电话或电视向潜在的消费者推销产品，最终卖出产品的销售模式，如橡果国际。

购物服务：零售商凭购物证给学校、医院、政府部门等大型单位的特定用户提供具有价格折扣的产品。

电子商务：在互联网上向潜在消费者推销和销售产品的方式，如淘宝网、京东等。

3.分销渠道的最佳设计方案

1）分销渠道的类型

（1）按分销渠道的层次分类

分销渠道始于制造商、终于消费者，其中间环节包括代理商、经纪人、批发商和零售商。他们的不同之处在于代理商和经纪人不拥有产品的所有权，只负有推销责任，而批发商和零售商既拥有产品的所有权，也肩负推销的职责，他们统称为经销商。经销商的利润来源于购进与销售产品之间的差价，而代理商的收入则来自制造商按合同支付的佣金。

针对目标消费者设计生产出来的产品，必然需要符合此类目标消费者消费习惯的分销渠道，由此产生了多种类型的分销渠道。下面是按照分销渠道内的中间商种类进行层次分类的图（图4-5）。

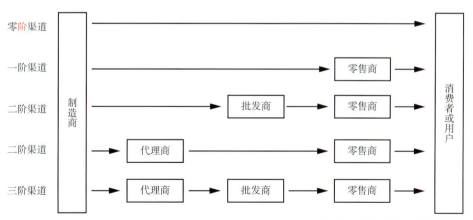

图4-5 分销渠道内的中间商种类

（2）按分销渠道的宽度分类

分销渠道的宽度取决于同一渠道层次中选择同类型中间商的数量。企业在同一渠道层次中选择的中间商越多，产品渠道就越宽，产品的市场覆盖面也越宽。这种方式大大增加了接触消费者的概

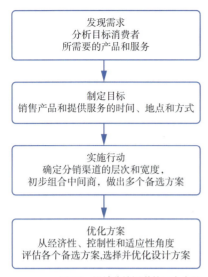

发现需求
分析目标消费者
所需要的产品和服务

↓

制定目标
销售产品和提供服务的时间、地点和方式

↓

实施行动
确定分销渠道的层次和宽度，
初步组合中间商，做出多个备选方案

↓

优化方案
从经济性、控制性和适应性角度
评估各个备选方案,选择并优化设计方案

图4-6 设计分销渠道的四个步骤

率，适用于大批量销售的产品，如日用品（盐、肥皂等）。需要注意，分销渠道越宽，企业所消耗的成本也越高。

针对适合差异化营销的时尚品牌来说，企业通过精准的定位来选择合适且少量的中间商，就能达到降低成本、高频接触目标消费者的目的。

2）分销渠道的设计流程

如同市场营销中的其他环节一样，设计分销渠道的最终目的是将产品更好地销售出去。为时尚产品设计分销渠道需要考虑以下两个方面：

①时尚产品的差异化营销是否能在渠道中有所体现。

②分销渠道的反应速度是否能够紧跟流行趋势的更迭。

通常，企业在设计分销渠道时会遵循图4-6所示的四个步骤。

诚然，ZARA建立的分销渠道已经成为业内的经典案例，但是如何设计适合自己的分销渠道，是初入市场的品牌所面临的难题。随着分销渠道形式的多样化，大型企业和财力雄厚的品牌可以考虑建立自己的仓储式物流系统，这能大大缩短产品分销过程中所耗费的时间和成本，如京东、天猫生鲜都在大力发展这方面的业务。

财力和经验有限的品牌在设计分销渠道时应当更加注意目标消费者的特点，结合自身实际情况，力求为目标消费者提供购买和使用的便利性。

案例

针对白领的服装品牌如何设计分销渠道

先调研白领的消费行为习惯，主要特点如下：①在高档写字楼工作，遵循"朝九晚五"工作时间的生活方式；②相关报告指出，白领十分喜欢利用午休时间进行网购。

根据上述两点情报，小型品牌可以考虑将实体零售店开在写字楼里，理由如下：①极近的购物距离，为目标消费者提供了购买的便利性；②实体店的形式让目标消费者可以试穿，弥补了网店的不足；③在写字楼开设店铺所花费的资金远低于在商圈或商场内开设店铺；④精准的消费者定位，让零售店最大程度地接触目标消费者。

兼顾小型品牌的自身情况，建议以跨渠道的方式进行销售，具体实施注意事项如下：①店铺以小而精致的形象示人，面积几平方米即可，装修方面要注重白领的审美情趣与品牌的设计风格相结合；②服装款式要多，尽量做到独一无二，提供定制服务，避免消费者撞衫的尴尬，价格略低于商场价格，以此吸引消费者；③力求减少中间商，可以考虑与物流公司合作，由公司总部直接发货进行货品上新；④效仿ZARA公司，建立一套能够实时跟踪货品销量情况的系统；⑤总结销量好的服装的风格，保证同类风格服装的补货和时常上新，让顾客保持新鲜感；⑥建立移动电子商务渠道，方便目标消费者可以在闲暇时间浏览，同时也可以为目标消费者提供更好的售后服务。

这样的分销渠道设计，既考虑了小型品牌财力和经验有限的情况，又深挖了白领的消费行为习惯，做到了分销渠道差异化、降低成本、缩短时间及避免与商场中的大品牌硬碰硬。

3）分销渠道管控

企业在设计好分销渠道后，需要选择合适的中间商并评估，还可能根据中间商的实际情况对渠道进行改进。

（1）选择中间商

企业需要探查中间商的经验、经营时间、业界信誉等方面的情况，签订合同前还需要商谈毛利、促销和退换货等方面的事宜。针对不同的中间商，企业需要掌握的信息是不同的。选择代理商时，企业应当了解该代理商已经代理的产品种类、数量和性质，以及推销人员的业务能力。打算授予零售商销售资格时，企业需要获得店铺位置、发展潜力和人流类型等情报。

（2）激励中间商

无论是代理商、批发商还是零售商，他们都可能同时经营几个品牌。如何让这些中间商更好地为自身企业服务，在价格、退换货、店铺位置、促销活动等方面有所倾斜，是需要企业不断与中间商沟通和协商的。

（3）评估渠道成员

企业需要对中间商的绩效进行定期评估，如果某一中间商的绩效持续低迷，应由企业出面找出补救办法，甚至考虑更换中间商。

4）分销渠道的演变历程

分销渠道的演变历程及特点如图4-7所示。

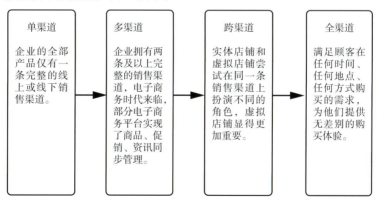

图4-7　分销渠道的演变历程及特点

单渠道：企业的全部产品都由自己直接所设门市部销售，或全部交给某一个批发商（或零售商）经销。例如，某一产品只在一家网店销售，就属于单渠道零售。

多渠道：企业采用两条及以上完整的零售渠道进行销售活动的行为，渠道的完整是指顾客能在一条渠道上完成全部的购买活动。

如消费者可以通过淘宝的GAP官方旗舰店完成卫衣的信息查询、挑选、购买和售后评价等一系列消费活动，同时该消费者也可以在一家购物中心的GAP实体店完成上述消费活动。那么，GAP具有淘宝网官方旗舰店和购物中心实体店两条独立且完整的销售渠道，这就是多渠道销售。多渠道销售既包含一家企业仅在线下有多条销售渠道，也包含一家企业仅在线上有多条渠道，还包含一家企业在线上和线下都有多条销售渠道，只要这条销售渠道是完整的即可。

跨渠道：指实体店铺、虚拟店铺等相结合，共同销售产品的形式。根据已有的渠道管理理论，跨渠道也属于多渠道，但跨渠道是指企业将多条销售渠道进行线上线下有效整合，整合后的销售渠道是不完整的，它们共同作用帮助消费者完成全部的购买活动。

例如，消费者可以通过在"果琳商城"微信小程序下单购买水果，最终在离家最近的"果琳水果店"完成水果的挑选和提取。这种在线上支付、在线下完成消费活动的方式就是跨渠道销售。

全渠道：为了满足消费者购物、娱乐和社交的综合体验需求，企业采取实体渠道、电子商务渠道和移动电子商务渠道组合与整合（跨渠道）销售的行为。

实体渠道是指有实际店面和服务网点。电子商务渠道包括上门直销、直邮和在线目录、电话购物、电视购物、网店等。移动电子商务渠道包括通过微博、微信、E-mail等进行的销售活动。

第八课 时尚产品促销策略

课时： 5课时

要点： 时尚产品促销组合编配的影响因素、广告、营业推广、公共关系

开篇案例

时势造英雄——华为的促销策略

"世上综艺千千万，OPPO、vivo各一半。"此言道出了OPPO和vivo两个国产手机品牌在冠名综艺节目方面的霸主地位。经统计，仅OPPO冠名的综艺节目就横跨5大地方卫视总共18个综艺节目。乘上综艺节目的快车后，OPPO频繁的曝光率让"充电五分钟，通话两小时"的广告语深入人心，彻底打开了品牌的知名度和提升了美誉度。

同时，OPPO和vivo在大范围铺广告与请明星代言上也不惜重金，截至2022年，vivo前后拥有10余位代言人，囊括了中韩两国的当红明星。事实证明，广告宣传与明星代言不失为一个行之有效的办法。如鹿晗代言的vivoX20，在2017年10月10日苏宁易购发布的国庆期间线下门店手机销售排行榜中拔得头筹。

重视研发创新是华为一直坚持的优良传统，也是该品牌的显著优势。在促销方面，为了能更好地展示自己的研发成果，华为公司将发布会和展示会作为推介新技术的重要平台，以此力图保持其高端品牌形象。但是，发布会和展示会的受众较少，与广告相比具有一定的局限性，且影响力有限。

反观对明星代言和节目赞助等方式持保守态度的华为，其宣传力度远不及前二者。在高度信息化的时代，先发声者更有优先权，因此单一化的促销策略让专注于核心技术研发的华为也曾面临被OPPO、vivo销量超过的局面。

转机出现在2019年，华为"海思"芯片的横空出世，引发了国外政府的打压行为，助长了国内"爱国支持华为"的呼声。2020年5月的手机零售量数据显示，华为系占据了国内手机销量的48.7%。从市场营销学角度分析，喜人的销售成绩是促销策略中社会型公共关系发挥了主要作用，暴涨的销售量说明支持国产不是大家在喊口号，大家用行动证明了"爱国支持华为"的呼声。

由此可见，虽然公共关系着眼于长期，但华为让企业在获得高回报的同时拥有良好的品牌形象，以其核心技术为竞争力，在突发事件中调动了国人的爱国情怀，从而创造了销量上的辉煌。

1.促销和促销组合

1）促销

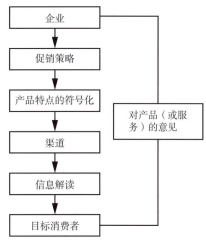

图4-8　企业完成促销的流程

促销是指企业为了达到其促进销售的目的，针对当前消费者及潜在消费者所进行的游说性活动。具体实施步骤是企业通过人员和非人员的方式，沟通企业与消费者之间的信息，引发、刺激消费者的消费欲望和兴趣，最终将产品（或服务）销售出去。

企业与消费者之间信息的有效沟通是企业开展促销活动的前提条件，它包含两个方面：一方面是企业将自身产品（或服务）传递给消费者；另一方面是消费者向企业反馈对其产品（或服务）的认知，以及需求动向。

企业在充分了解目标消费者对同类产品或服务的认知和需求后，还需要考虑促销的组合方式、投放渠道、产品特点的符号化是否能正确地传递给消费者，达到唤起目标消费者消费需求的目的（图4-8）。

2）促销组合

促销可分为人员促销和非人员促销两大类，常见的促销方式主要有广告、营业推广、公共关系和人员推销，除人员推销外，其他三种均属于非人员促销。由于这些促销方式各有利弊，在市场营销活动中能发挥的作用和影响力也不同，因此企业需要以促销组合的方式制定促销策略。

促销组合是指企业根据多方面的影响因素，将多种促销方式进行选择、编配和运用，让选中的促销方式最有效地刺激消费者的消费欲望。下面是影响促销组合编配的四个主要因素。

（1）促销目标

促销的总目标都是刺激消费欲望、促进产品（或服务）销售。在企业营销的不同阶段，促销目标会有所不同。如处于市场导入期的产品，应以吸引目标消费者的注意、引导消费者购买为目标。当市场上出现了一个强势竞争者时，企业的促销目标就会变成突显自身产品特性和拉拢目标消费者。

（2）产品特性

不同类型的产品（或服务）所需的促销策略是不同的。企业需要根据产品（或服务）的定位来选择促销方式，如小区附近的美容美体店铺，适合以租用小区电梯广告位和人员推销为主的方式进行促销。

（3）营销环境

从市场规模角度看，小型的本地市场适合以人员推销为主的方式进行促销，而全国甚至全世界市场则适合以广告为主的方式进行促销。工业产品由于具有用户较少、单笔成交额较大的特点，因此主要采用针对性强的人员推销形式。而时尚产品由于具有受流行趋势影响大、目标消费者分布广等特点，所以更适合采用公共关系和营业推广这类方式进行促销。

（4）促销预算

企业的促销费用都是有限的，但是既然决定要做促销策略，企业就需要综合考虑自身的负担能力、促销策略能否达到促销目标和产品的生命周期等多个因素，力求制定出既省钱又效果好的策略。

企业根据促销目标、产品特性、营销环境和促销预算等因素合理编配多种促销方式，从而使制定出的促销策略发挥最大的效用。消费者在购买时尚产品（或服务）时容易受到流行趋势的影响，但求异心理又驱使消费者寻求具有特色的时尚产品（或服务），因此向消费者准确传达品牌内涵、展示产品设计魅力的广告、海报、宣传手册、人员推销等都能成为有效刺激消费的方法。

2.广告

广告是一种结合了商业性和艺术性的促销手段。优秀的广告能用巧妙的艺术手段实体化目标消费者的心理需求，从而唤起目标消费者的欲望，最终达到将产品（或服务）销售出去的目的。

1）广告目标

企业的广告目标是会随着自身产品（或服务）所处的不同发展阶段而变化的。广告目标很多，但可以归纳为以下四种：

①开拓性广告。企业向目标消费者介绍自身产品（或服务）的相关信息，着重突出其优点，消除消费者的疑虑，建立对该产品（或服务）品牌的信赖感。

②诱导性广告。当市场上出现强有力的竞争者时，企业利用该类型广告来建立目标消费者对自身产品（或服务）的品牌偏好，建立选择性需求。部分电子商务平台在产品介绍页面将自家产品（或服务）与其他同类产品（或服务）进行对比说明，旨在通过比较的方式让目标消费者实施购买行为。

③提示性广告。企业利用广告活动提醒目标消费者在短期内可能需要的产品（或服务），并附上详细的购买方式。这类广告意在唤醒消费者的记忆和引导购买行为。具有季节性的时尚产品适合采用提示性广告来增加顾客的逛店率。

④加强性广告。这类广告用于企业巩固自身产品（或服务）的品牌声誉，建立目标消费者的品牌忠诚度，为企业的长足发展考虑。

每种类型的广告分别适合企业产品（或服务）的不同发展阶段。开拓性广告适合给新入市的产品（或服务）做信息介绍并建立目标消费者的信赖感。针对处于发展阶段的产品（或服务），由于市场竞争激烈，企业可以考虑采用诱导性广告来建立目标消费者的品牌偏好。当产品或（服务）进入全盛期后，企业将着眼于未来，追求品牌美誉度和目标消费者的忠诚度，因此能构建品牌在消费者心目中的良好形象的加强性广告应成为企业的首选。

2）广告媒体

在确定了广告目标后，企业还需要选择合适的传播媒体，通过有偿付费的形式将信息有效地传播出去。随着科技的进步，广告媒体的种类越来越多。

①报纸。优点是影响面大、成本低廉、制作传播快速和及时。缺点是时效短。当前的报纸已经纷纷建立了新闻网，以适应人们的阅读方式。

②杂志。优点是视觉效果好、图文并茂，但出版周期长、成本较高且制作难度大。纪录片《九月刊》真实地展现了制作一本时尚杂志需要耗费的大量时间和精力。在很长一段时间，时尚杂志成为当时女性的穿衣"圣经"。

③广播。优点是成本较低，但表达手段有限。几乎每个城市都有交通广播，它已成为很多餐厅广告的首要传播方式。

④电视。优点是将视觉和听觉高度结合，引人入胜。缺点是制作播映费用昂贵、展示时间短暂。时尚企业十分适合以在电视或电影中进行广告植入的方式推销自己的产品，同时持续运作多年的时装周也具有广泛的影响力。

⑤邮寄广告。优点是图文并茂、便于保存和重复传播。缺点是出版周期长、成本较高、制作难度大。如瑞典知名家具和家居零售商宜家通过建会员卡的方式获得消费者住址信息，并定期向他们家中邮寄产品手册。

⑥户外广告。优点是传播信息持久、地理方位可选择、存在形式多和具有视觉冲击力（图4-9）。缺点是成本较高、有效覆盖面较小且效果难以量化。

图4-9 户外广告

⑦网络广告。优点是形式多样、传播广、针对性强和速度快。随着人们使用电脑的频率大幅提高，网络广告在近十多年得到了迅猛的发展，并在未来前景广阔。

3）广告效果评估

广告效果是广告投放后对消费者所产生的影响，主要指两个方面：一个是作用于企业短期利益的传播效果和销售效果；另一个是建立企业良好形象，着眼于长远发展的心理效果和社会效果。大部分企业所谓的广告效果是指广告经济效果的评估。企业可以通过广告效果评估，积累相关经验，对已投放的或正筹备的广告进行改进创作和调控管理。

3.人员推销

　　人员推销是企业通过推销人员直接向消费者宣传产品（或服务）的一种促销活动。人员推销比起其他促销方式更加直接，但推销效果与推销人员的能力有很大关系。推销人员通过产品样品和宣传手册向顾客展示、说明产品的特点。在这个过程中，推销人员的声音、形象、肢体动作和沟通应对能力均会对目标消费者作出购买决策产生很大影响。

　　时尚产品的推销人员不仅要有熟练的推销技巧，还需要具备一定的审美能力和色彩搭配能力。为不同类型的顾客介绍合适的时尚产品，以及发现顾客的特点、了解顾客喜好和引导顾客挑选是时尚产品推销人员所必须具备的职业能力。另外，推销时尚产品的人员需要经常接受企业培训，力求对新产品的特点了如指掌并时刻把握流行趋势。

4.营业推广

　　营业推广是指企业为鼓励目标消费者购买产品（或服务）而采取的短期性促销方式，是除广告、公共关系和人员推销外的所有促销方式的总称。营业推广具有针对性强、持续时间短和灵活多样的特点。

1）营业推广的形式

　　①赠送样品。企业将样品附在产品宣传册或其他产品中，以赠送的形式传递到目标消费者手中，鼓励消费者使用，从而达到推销产品的目的。

　　②折价券。消费者获得折价券后，可享受一定的价格优惠。折价券的存在形式很多样，如店铺收藏有礼、满减、好评返现、团购或代金券等（图4-10）。

图4-10　营业推广的形式——折价券

③有奖销售。企业通过为实际购买者提供奖品的方式来刺激销售的一种推广方式。

④会议促销。企业利用展销会、博览会等活动来推广自己的产品（或服务），吸引目标消费者，促使其了解产品（或服务），从而将产品（或服务）销售出去。事实上，时装周也属于展销会的一种，它一方面为各个品牌提供了展示新一季服饰的平台，另一方面也向全世界发布了流行趋势，扩大了影响力。

⑤捆绑销售。将同种或多种产品（或服务）以较优惠的价格出售，以达到推广新产品或减少库存的目的。护肤产品中的洗面奶、爽肤水、精华和乳液常以套装形式出现，从而达到提高产品销量的目的。在美容院的各类项目中，选择套餐可以获得更优惠的价格（图4-11）。

图4-11 营业推广的形式——捆绑销售

2）营业推广的特点

①缩短产品的市场导入期。营业推广能让目标消费者近距离地接触产品（或服务），有效地鼓励消费者使用产品（或服务），从而帮助产品（或服务）更快地进入消费者的生活。

②增加消费者重复购买的概率。营业推广中的捆绑销售、折价券等方式通常带有价格上的让步，可以刺激目标消费者重复购买。

③刺激消费者迅速购买。营业推广主要是通过减价、优惠或赠送礼品等利益诱导的方式敦促消费者作出购买决定，在短期内提高企业营业额。

④持续时间短暂。营业推广多是以让利的方式进行促销，因此让利活动一旦结束，价格回升的情况会迫使消费者转向其他企业的产品（或服务）。这是利益驱动消费者消费带来的弊端。

5.公共关系

公共关系是指企业积极主动地与公众进行沟通，及时了解舆论导向并有效地加以利用，以求建立良好品牌或企业形象的行为。

相对于其他促销手段，公共关系更加着眼于长期的品牌或企业形象。企业实施这一活动不是为了将某一款产品（或服务）销售出去，而是着眼于建立品牌或企业的美誉度，为以后的营销活动积累人脉资源。值得注意的是，广告可以是特定公共关系计划的一部分，但公共关系不等同于广告。常见的公共关系有以下六种形式：

①宣传型公共关系。企业运用各种传播媒介，选择适当的渠道向公众宣传自身品牌或企业，目的是提高品牌或企业的知名度，营造良好的舆论氛围。其具体方式有公关广告、策划专题活动"制造新闻"和举办庆祝典礼三种。如图书签售会、商场周年庆等活动都属于此类。

②交际型公共关系。在人际交往中开展公关活动，企业以茶会、招待会、宴会等形式保持与顾客的接触，用更直接、灵活的沟通方式与消费者建立感情联络。某品牌的车友会就是以该品牌的用户为主体，定期举办自驾游、生活信息和车辆使用交流等活动。

③服务型公共关系。企业通过为消费者提供更加优质的服务来提高品牌或企业在公众心目中的形象。淘宝网为保护买家利益强制要求卖家实行七天无理由退换货，为消费者提供了权益保障。

④社会型公共关系。企业参与和关注社会热点，以传播正能量的形式引起公众的好感，为品牌或企业树立良好形象。2022年的央视3·15晚会曝光了湖南插旗菜业有限公司的问题酸菜，由此牵连了多家合作企业，包括康师傅和统一等方便面巨头。一时间，消费者对方便面行业的食品安全产生了巨大的怀疑。值得注意的是，白象方便面在微博回复称未与湖南插旗菜业有限公司合作，大家可以放心食用本公司产品。不久，白象企业因拒绝日资入股被迫退出一、二线城市和三分之一员工是残疾人的新闻冲上热搜。三条新闻的叠加效应让白象被消费者贴上民族良心企业的标签，纷纷用购买行为进行支持，甚至一度出现抢光的情况。3·15晚会作为一个关注度很高的权威性栏目，每年都能带来社会热点问题。此次，白象企业凭借自身的实力，乘着3·15晚会这股"东风"，实现了一次成功的公关。

⑤征询型公共关系。采用新闻监测和社会调查等方式掌握社会热点与民意动向，为企业的营销决策提供参考。如京东在新冠疫情初期免费运送医疗物资为整个医疗系统作出了重要贡献，最后收到了钟南山院士感谢信的事迹，也获得了良好的社会效应（图4-12和图4-13）。

⑥矫正型公共关系。此类型也被称为危机公关，是指在企业面对由主客观原因带来的形象受损情况时，及时发现并采取应对措施，最终妥善处理，将企业的损失降到最低的行为。

图4-12 京东免费运送医疗物资

图4-13 钟南山院士的感谢信

第五单元
综合案例

课　　　时： 8课时

单元知识点： 让消费者产生追逐效应的潜在产品，时尚的跨界侵入更多产品，时
尚左右产品定价

第九课 为新上市的时尚产品制作一份营销策划方案

课时： 8课时

要点： 通过市场调研了解该时尚产品的市场前景预估和目标消费者的偏好，提出产品定位、渠道、促销和定价策略方面的建议

命题单

题目

制作一份某时尚品牌新产品营销的策划方案，并准备一个12分钟的PPT来阐述自己的策划方案。

要求

通过策划方案的完成，学生首先掌握了从专业咨询机构、展示会和出版印刷物等渠道提取情报的技能，然后能够通过制作、发放和分析调查问卷，分析目标消费者的生活形态和消费行为特征，最后具备为该时尚产品提出合理的营销策略的能力。该策划方案也考查了学生制作PPT的能力和上台演说的能力。

评分标准

根据教学大纲的要求，制订考核成绩评定标准如下：

90~100分：策划方案中含有多种资料，问卷调查100份以上，根据上述信息总结成情报，对目标消费者的生活形态和消费行为特征分析深入且准确，并能就该时尚产品的定位，在渠道、定价和促销等方面给出建设性的提议。PPT的制作图文并茂，结构合理，阐述清晰。

80~89分：策划方案中含有多种资料，问卷调查80份以上，根据上述信息总结成情报，目标消费者的生活形态和消费行为特征分析较为准确，并能就该时尚产品的定位，在渠道、定价和促销等

方面给出建设性的提议。PPT的制作图文并茂，结构较为合理，阐述清晰。

70～79分：策划方案中含有多种资料，问卷调查60份以上，根据上述信息总结出一些情报，分析了目标消费者的生活形态和消费行为特征，并能就该时尚产品的定位，在渠道、定价和促销等方面给出部分建议。PPT的制作结构较为合理。

60～69分：策划方案中含有多种资料，分析了目标消费者的生活形态和消费行为特征，基本完成了PPT的制作。

不及格：有部分作业没有完成或作业完成非常不认真。

1.设计展示

1）前言

香水不同于其他时尚产品，其变化无穷的气味营造出的氛围感，带给人们极度感性的联想，使用香水正在成为青年群体含蓄地表达个人气质和品位的一种方式。

继"颜值经济""口红经济"后，"嗅觉经济"正在中国兴起。香水作为美妆产品中的一个普通分支，正逐渐成为青年消费群体表达悦己主义、体现自身个性化、展现生活仪式感的首选载体，其市场规模也正在不断扩大。

2）环境分析

多家专业咨询机构的调研结果表明，未来中国香水市场潜力巨大。艾媒咨询[1]显示，2022年中国香水市场规模达169亿元，同比增长24.3%，预计2025年将达300亿元。前瞻产业研究院[2]数据预测，2023年中国香氛市场将超过200亿元，到2028年中国香氛市场规模有望突破539亿元。

从市场占有率来看，虽然当前香水行业零售市场以国际品牌占据主导地位，但值得注意的是中国香水品牌正在崛起。美业颜究院[3]数据表明，2020年至2022年7月，中国香水品牌在淘宝和天猫渠道的销售额达到25.8亿元，占整个国内香水市场的22%。魔镜市场情报[4]显示，2023年1—6月进入淘系[5]和京东Top100的中国香水品牌有三成为新晋品牌。

3）机会分析

消费者的需求随着香水消费市场的成熟而愈发多元，借助香水"悦己"表达的嗅觉审美也在不断升级。国际香精香料巨头帝斯曼芬美意亚太区高级香氛副总裁Olivier Viejo指出："品牌需要花更多时间去了解消费者，去坚守信念打磨产品，才能持续、蓬勃地生长。"在面临行业洗牌的情况下，国产香水品牌占据更多的市场份额将成为一种可能。

伴随公众文化自信的提升与国潮风的盛行，东方美学理念正逐步渗透多个消费领域，这将促使

1　艾媒咨询：2007年成立于广州，是新经济产业第三方数据挖掘和分析机构。
2　前瞻产业研究院：1988年成立于北京清华园，是伴随着中国细分产业市场不断发展而成长的著名细分产业研究机构。
3　美业颜究院：2015年成立于广州，专注于美妆个护市场的大数据及资源智能链接的平台。
4　魔镜市场情报：2015年成立于北京，运用机器学习和AI算法洞悉市场行情的专业咨询公司。
5　淘系：指阿里巴巴淘宝体系部门和产品，包括天猫、淘宝、聚划算、阿里妈妈等。

消费者愿意为民族文化和创新概念买单，带有"小众""品质"等标签的国产香水品牌将有更多的发展空间。

4）策略及执行

为了本次策划方案能够有据可依，笔者做了市场调研，深入挖掘了目标消费者的潜在需求。

（1）产品定位

针对已经具有一定香水生产销售经验的国产香水品牌，根据青年消费群体的需求，推出一个系列的中高端香水产品，该系列产品以传统文化内涵创造出独特的品牌调性，结合相应的包装设计吸引目标消费者。根据市场调研的结论，该系列产品有两个消费者的痛点需要解决：一是持香时间；二是气味具有高级感。

（2）定价策略

根据对电商平台、部分国外品牌官方网站和实体店铺的调查走访，一瓶30 mL的热门国际品牌香水价格在300元以上，而国际品牌的沙龙香，如祖·玛珑英国梨与小苍兰香水的价格为660元（表5-1）。国产品牌香水的价格定位普遍低于国际品牌，以最具代表性的气味图书馆为例，50 mL的人气香水售价为285元（表5-2）。

表5-1　部分国际品牌香水价格表

品牌	希思黎缘月	祖·玛珑英国梨与小苍兰	迪奥真我女士	爱马仕尼罗河花园	范思哲晶钻女士	莫杰雏菊女士
规格	30 mL	30 mL	30 mL	30 mL	30 mL	30 mL
价格	1020元	660元	890元	499元	421元	339元

资料来源：各品牌京东自营店或京东官方旗舰店

表5-2　部分国产品牌香水价格表

品牌	气味图书馆白桃乌龙	芬尚山茶花女士	菩璞中华味道蜡梅	黑爪栀子花
规格	50 mL	60 mL	40 mL	30 mL
价格	285元	179元	420元	188元

资料来源：各品牌京东自营店或淘宝官方旗舰店

在香水价格的选择上，大部分客户购买了50元至300元价格区间的香水，由于香水是根据容量来进行定价的，并且一瓶香水的使用时间较长，所以不少消费者倾向于购买小容量的香水。

根据该品牌的定位，建议以持香时间长、气味自然作为形象特色打入市场，这样的形象特色易于抓住消费者的痛点，并且刚投入市场时可以倾向于多推出试用装，如5 mL或10 mL的体验装香水，方便消费者了解最新上市的产品。以10mL的体验装为例，价格定位采取100～200元，这样的价格既能让自家产品区别于网络上的低端产品，符合该系列产品的定位，又能在价格上比国际品牌香水更具竞争力。

（3）渠道策略

鉴于香水属于一种体验式产品，即面对未购买过的香水时，消费者倾向于前往实体店了解和评价后再实施购买行为。因此，虽然我国当前的香水销售电商渠道占比正逐步上升，但就香水销售的独特性而言，采取线上线下全渠道销售较为合适。

（4）促销策略

香水作为一种十分感性的慢消费品，消费者的消费态度起到了至关重要的作用。传统的代言人和广告必不可少，同时一些年轻人的活动场合或节假日，该品牌也可以尝试采取捆绑销售、限时促销、试用装的方式积极进行推销，让消费者在热闹的消费情境中达成购买行为，从而了解该品牌香水的特点。

一方面，"一人多香"的消费趋势随着香水市场的成熟已经逐渐显现，因此在广告创意上可以向消费者展现不同的使用场合，并营造出带有品牌风格的氛围感，让消费者沉浸其中，从而促使消费者购买。

另一方面，针对国产品牌饱受诟病的持香时间和气味劣质的痛点，该品牌香水除了需保障自身的品质，解决上述技术问题，还需在各类促销活动中重点突出自身品牌在这两个问题上的突破，打消目标消费群体的担忧。

5）结束语

综上所述，该策划方案是建议具备生产香水资质和经验的企业推出一个系列的香水产品，为新生代消费群体提供多种具有传统文化内涵、调性独特、中高端品质且价格合理的香水。

附录
问卷范例

目标消费者的调查问卷

问卷范例

先生（女士）您好：

我是某某研究公司调查员，为了能真实、准确地了解大众对香水的认识和需求，我们正在进行相关的市场调研，耽误您5分钟的时间接受我们的访问。谢谢！

问卷编号：*****　　　　　　　　　　　　　　　　督导姓名：李金阳

访问日期：2023.09.20

访问员姓名：×××

访问时间：　　　　上午√　　　　　下午　　　　　晚上

填写说明：请您在所选答案的题号上打"√"，对只注明单选的问题只能打一个"√"；对注明多选的问题，请在您认为符合的答案上打"√"。

1.请问您使用香水吗？

☐经常使用　　　☐偶尔使用　　　☐曾经使用，因为某些原因暂停使用

☐未使用过，以后想尝试　　　☐从未使用，以后也不会使用

2.您认为香水可以_____（多选）

☐愉悦个人心情　　☐提升个人魅力　　☐表明个人品位　　☐展示生活态度

其他_____

3.请问以下哪些情况您会使用香水？（多选）

☐约会　　☐朋友聚会　　☐相亲　　☐工作　　☐旅行　　☐宅家

☐运动　　其他_____

4.请问您会根据不同的场合，选择使用不同的香水吗？

☐一直如此　　☐大多数时候会　　☐根据当时心情选择香水

☐重要场合会注意选择香水　　　　☐可玩度高　　☐其他_____

5.在选购香水时，您会考虑哪些因素？（排序题，请按照重要性进行排列）

☐气味　　☐寓意　　☐品牌　　☐价格　　☐持香时间　　☐外观包装

☐代言人　　☐广告　　其他_____

6.请问目前您购买的香水中，以下哪些香型居多？（多选）

☐花香型　　☐果香型　　☐草香型　　☐木香型　　其他_____

7.请问您购买的香水价格？

☐10～50元　　☐50～100元　　☐100～200元　　☐200～300元

☐300～500元　　☐500元以上

8.请问您是否收到并使用过他人赠送的香水？

☐收到并使用过　　☐收到过，但使用后不喜欢　　☐收到过，但喜欢自己购买香水

☐未收到过，但希望收到他人赠送的香水　　　　其他_____

9.请问您使用过国产品牌香水吗？

☐正在使用　　☐曾经使用　　☐愿意尝试　　☐不感兴趣

10.请问您认为国产品牌香水有哪些不足？

☐特色不明显　　☐缺乏文化内涵　　☐持香时间短　　☐气味缺乏高级感

☐欠缺品牌知名度　　☐包装设计与产品风格不符　　☐与个人喜好不同

☐没有缺点　　其他不足_____

11.请您描述心中的理想生活，或是想成为什么样的人？

_____

以下由调查员通过与被调查者的沟通自行填写：

您正在使用的香水名称：_____

您的性别：_____

您的出生年月：_____

您的学历：_____

您的职业：_____

调查员口述：最后，谢谢您的配合！如果方便，请在下方填写您的资料便于您参与接下来开展的抽奖活动，希望您能够参与！

姓名：　　　　　　　　　　　　　　电话或微信号：

2.设计流程

1）市场调研

在做营销策划的整个过程中都需要相应的证据支撑，市场调研的方式多种多样，如文案调查法、大数据、问卷调查、观察法、深访等。运用多种形式的调查方法贯穿整个营销策划方案，确保市场营销活动的每一步都有资料支持。

2）分析当前形势和未来发展趋势

了解某细分市场的行业现状，可以从如下几点入手：从专业的行业咨询机构获取二手资料，了解香水行业的市场现状、未来的发展前景等。先通过文案调查法对全球香水市场的前景、中国香水市场的情况进行摸底，然后根据从各类资料中梳理出的情报确定中国香水市场规模正处于上升期。

3）寻找有利可图的市场和找准定位

以中国香水市场的消费主力军——青年消费群体为调研目标，深入调查他们的潜在心理诉求，结合行业现状寻找有利可图的市场，并进一步探究他们对目标产品的理想定位。该策划方案执行了上述多种调研方式，通过对信息的梳理得出国产品牌香水目前正处于发展期，虽然这些品牌已经占据了一定的市场销售份额，但是其面临的困难，如高端品牌形象的塑造、东方意蕴的建立和香水本身的技术问题等正亟待解决。若是能逐步解决上述问题，那么此款香水很有可能脱颖而出，成为国产品牌香水中的佼佼者。

4）制定营销目标和策略

根据品牌定位，确定营销目标和相关营销策略，如产品、价格、销售渠道和促销等方面的具体实施方案。

5）撰写营销策划方案

营销策划方案的撰写通常需要具备以下几点：策划目的、当前的行业营销环境情况、分析行业中的问题和寻找市场机会、确定品牌定位和营销策略、预估各项成本费用、提出方案的执行管理方式、总结和附录。

3.设计总结

该策划方案寻找了一个具有较大发展前景的市场，并提供了各种较为真实可靠的资料来支撑，从品牌定位、产品定位、产品定价、销售渠道和促销策略五个方面提供了切实可行的建议。不足的是，该策划方案没有给出成本估算和执行方式，部分地方还有待进一步完善。